Knaus
K

Marc Degens

Das kaputte Knie Gottes

Roman

Knaus

Verlagsgruppe Random House FSC-DEU-0100
Das für dieses Buch verwendete FSC®-zertifizierte Papier
EOS liefert Salzer Papier, St. Pölten, Austria.

1. Auflage
Copyright © 2011 beim Albrecht Knaus Verlag, München,
in der Verlagsgruppe Random House GmbH
Gesetzt aus der Minion von Uhl + Massopust, Aalen
Druck und Bindung: Friedrich Pustet KG, Regensburg
ISBN 978-3-8135-0426-2

www.knaus-verlag.de

für Laura

Ich habe dieses Buch nicht geschrieben,
um mich an Dennis zu rächen.

Aber verzeihen kann ich ihm auch nicht.

Kinderspiele

Kunst verstehn heißt sie kaufen.

JUPP

1 Bocksprünge

Wir standen an einem Stehtisch in der »Schnitzel-Zentrale«, einer der ranzigsten Imbissbuden des Ruhrgebiets, und stocherten in unserem Essen.

»Ein Leben als vierundzwanzigjähriger Bildhauer in Bochum-Wattenscheid ist ebenso traumhaft wie der Aufstieg eines Armlosen in die Top Ten der Tennisweltrangliste«, sagte Dennis. Er hatte ein paar Pommes aufgespießt und untermalte seine Worte mit wilden Bewegungen der Plastikgabel, die in seinen riesengroßen Händen wie ein Spielzeug wirkte. »Vor allen Dingen dann, wenn man wie ich auf die dreihundert bis vierhundert Kilogramm schwere Darstellung von Gliedmaßen spezialisiert ist.«

Diese Leidenschaft beschäftigte Dennis seit dem zehnten Schuljahr, seit er im Kunstunterricht einen Daumen aus Speckstein gefertigt hatte. Die Arbeitsaufgabe lautete damals »Ängste im industriellen Zeitalter«. Ich saß neben ihm, war bekifft, zeichnete verstümmelte Comicfiguren und redete ununterbrochen auf ihn ein. Dennis ließ sich davon nicht stören.

»Drei betende Fingerkuppen«, »Der große und der kleine Zeh«, »Fuß ohne Meinung« und »Nabel I–IV« hießen die Werke, die er in oft monatelanger Arbeit aus Stein oder

Holz meißelte, abformte und schließlich in Beton ausgoss. An meinem zwanzigsten Geburtstag schenkte er mir den »Fuß ohne Meinung«.

»Das ist deine Altersvorsorge«, sagte Dennis, und in seiner Stimme lag der Klang einer Kirchenglocke. Der Fuß ist das schwerste Geschenk, das ich bis heute erhalten habe.

Nach dem Zivildienst begannen wir an der Ruhr-Universität zu studieren, Dennis Kunstgeschichte, ich Germanistik und Anglistik. Nach drei Semestern warf Dennis allerdings das Handtuch. Seitdem nannte er sich freischaffend. Käufer mieden seine Plastiken, oft kam bloß ein »Ach, wenn sie nur nicht so groß wären!«.

»Aber dann hätte ich auch Goldschmied werden können«, sagte er missmutig.

Zur Finanzierung seiner Berufung, seiner Ernährung und seines Einzimmerappartements, das ihm gleichzeitig als Atelier diente, war Dennis deshalb auf verschiedene Nebenjobs angewiesen. Im Laufe der Zeit arbeitete er als Gartenteichreiniger, Medikamententester und Gepäckschließfachgeldentleerer – für den letztgenannten Job musste Dennis sogar einen Eid auf die Deutsche Bahn ablegen. Nicht weniger bizarr war seine Arbeit als Kartenverkäufer in dem Pornofilmkino »Kurbel« im Rotlichtviertel an der Gussstahlstraße.

Vier Tage in der Woche, von Donnerstag bis Sonntag, saß Dennis hinter der Kinokasse auf dem Eierberg und verkaufte in sechs Stunden etwa dreißig Eintrittskarten an fast immer dieselben Gesichter, dazu einige Flaschen Bier und ein paar eingeschweißte Ausgaben von »Titten-Kurier« und »Popp-Shop«. An den ätzenden Geruch der Desinfektionsmittel konnte er sich überhaupt nicht gewöhnen. Die Arbeitszeit von acht Uhr abends bis zwei Uhr nachts empfand er dagegen als äußerst angenehm, da sie ihm die Möglichkeit gab, direkt nach dem Wachwerden seine Lieblingsfernsehsendung anzuschauen.

Das Programm in der »Kurbel« bestand aus jeweils drei Filmen, die in einer Endlosschleife liefen und nach zwei Wochen durch drei neue Streifen ersetzt wurden. Die Kinokarte berechtigte zum Anschauen sämtlicher Filme, doch die meisten Zuschauer suchten nach ein-, höchstenfalls zweimaligem Onanieren das Weite.

Als die seltsamen Ereignisse in der »Kurbel« ihren Anfang nahmen, wurden »Ins rote Meer tauchen«, »Bocksprünge« und »Die drei und der Schleudersitz« gezeigt. Im Kino hatten eine Handvoll Männer Platz genommen und begafften »Bocksprünge«. Aus dem Dunkel drang die übliche Mischung aus Gestöhne, Flehen und knappen Kommandos.

Nach dem »Bocksprünge«-Abspann traten zwei laut diskutierende Männer aus dem Kinosaal, keiner wollte den anderen zu Wort kommen lassen.

»Also mir hat ja besonders die Kameraführung am Anfang gefallen«, sagte ein vielleicht vierzigjähriger Glatzkopf mit Nickelbrille. »Diese genialen Spiegelszenen. Das wirft ein Licht auf die geheimen Wünsche der Figuren. Wie bei Fassbinder.«

»Ich finde den Film ja eher lynchhaft«, antwortete ein etwa fünfundzwanzigjähriger Rollkragenpulloverträger. »Das Laken als Tür zu einer anderen Welt. Da muss ich sofort an den Vorspann von ›Blue Velvet‹ denken. Oder an ›Twin Peaks‹ und die schwarze Hütte.«

»Keine Spur«, erwiderte der Glatzkopf, »der Film ist so deutsch wie ein Schäferhund. Dieses laute Denken aus dem Off, während die Kamera starr auf den Brüsten der Frau ruht. Diese Technik stammt original von Alexander Kluge. Das ist Anti-Fernsehen, das würde sich nie im Leben ein Amerikaner trauen.«

Dennis wunderte sich, doch er vergaß das Gespräch, nachdem die Männer in der Nacht verschwunden waren. Doch als zwei Tage später eine zehnköpfige Gruppe, die Hälfte davon Frauen, in der »Kurbel« auftauchten und Eintrittskarten für »Bocksprünge« kaufen wollten, fiel es ihm wieder ein. Dennis erklärte den Anstehenden, dass er nur Eintrittskarten verkaufe, mit denen man auch den Film, der gerade lief, anschauen könne, woraufhin einige in der Gruppe ganz unruhig wurden: »O Gott, wir müssen uns beeilen, der Vorfilm hat schon angefangen!«

Während der Vorstellung kamen immer wieder Zuschauer zu Dennis und wollten Eis und Popcorn kaufen, obwohl er doch nur Bier und Pornohefte im Angebot hatte. Ein Langhaariger in einem Comic-T-Shirt wollte sogar das »Bocksprünge«-Filmposter erstehen, auf dem eine Wasserstoffblondine ihre Brust leckt und ein südländischer Kerl eine Rothaarige missioniert. Er bot für das Poster im Schaukasten einen Haufen Geld, doch es war das einzige Exemplar und damit unverkäuflich.

Am nächsten Abend waren sämtliche Vorstellungen ausverkauft. Nur mit Mühe und Androhung der Polizei konnte Dennis ein Biker-Pärchen daran hindern, ihren zwölfjährigen Sohn in den Film mitzunehmen.

Vor und nach dem Film löcherten die Zuschauer Dennis mit Fragen. Wer die Filmmusik komponiert habe? Wie die Romanvorlage heiße? Wann der Film in Originalfassung gezeigt werden würde?

Während einer »Bocksprünge«-Vorstellung verließ Dennis für einen kurzen Moment seinen Platz hinter der Kasse und schlich in den Vorführraum. Zwei Männer nahmen eine Frau gleichzeitig, das Publikum lachte. Als sich ein Mann in den Mund der Frau ergoss, gab es lauten Szenenapplaus.

Nach dem Film hörte Dennis wieder die üblichen Sätze.

»Das ist die neue Nouvelle Vague«, behauptete ein älterer Herr beim Entzünden seiner Pfeife. »Der hier ist noch besser als ›Außer Atem‹.«

»Ich glaube«, gestand eine Baskenmützenträgerin mit glitzerndem Blick, »der Geschlechterkampf wurde seit Bergman nicht mehr so radikal inszeniert.«

»Der Mann ist ein Genie«, schwärmte ein Rotschopf und wickelte hastig seinen Palästinenserschal um den Hals. »Ich muss morgen sofort in die Bibliothek und alles über Peter Black herausfinden.«

Eine Woche später hatte sich die »Kurbel« von Grund auf

verändert. »Ins rote Meer tauchen« und »Die drei und der Schleudersitz« waren aus dem Programm genommen worden, auf der Anzeigentafel vor dem Kino stand in riesigen Lettern:

Linda Dur   Tina Ferrari
Zack Slam
in
B O C K S P R Ü N G E
von
Peter Black

Die »Kurbel« glich einem Warenhaus während des Schlussverkaufs. Alle zwei Stunden lief eine »Bocksprünge«-Vorstellung. Neben Bier und Pornoheften konnte man nun auch Chips, Schokoriegel, Weingummi, Eis, Popcorn, Sprite und Fanta kaufen. Dennis hatte keine ruhige Sekunde mehr, ständig wurde er gefragt, ob er auch Lakritz verkaufe, wie teuer eine mittelgroße Cola und wo die Toilette sei.

Als seine Chefin erklärte, dass bald auch Mittagsvorstellungen gezeigt werden würden und Dennis deshalb bereits um elf Uhr mittags zur Arbeit kommen müsse, riss sein Geduldsfaden. Er kündigte, denn das Sonnenlicht am Mittag war für seine bildhauerische Arbeit unverzichtbar. Fortan schnürte er die Keulen von Masthähnchen zusammen, werktags von sieben bis elf Uhr früh.

Man könnte glauben, dass es bessere Gelegenheiten gibt, um die Liebe seines Lebens kennenzulernen.

16

2 Lily

»Wenn ich mich bildhauerisch betätige, dann bin ich nie allein«, gestand mir Dennis eines Abends. »Zwei Geschöpfe leisten mir im Atelier stets Gesellschaft. Das eine ist die gerade in Arbeit befindliche Skulptur, meine Geliebte. Das andere die Einsamkeit, meine Gemahlin.«

Wir saßen auf der Matratze am Boden in seinem Zimmer und lehnten an der Wand. Ich wollte Dennis eigentlich überreden, mich in den »Zwischenfall« zu begleiten, doch das war ein aussichtsloses Unterfangen: Dennis mochte keine Diskotheken. Er trank auch keinen Alkohol, rauchte nicht, ging nicht ins Kino, hörte keine Musik, interessierte sich nicht für Fußball oder sonst einen Sport… Er ruhte in seiner eigenen Welt. Ich wäre vor Langeweile geplatzt.

»Du kannst dir gar nicht vorstellen, wie sehr ich die Stelldicheins mit meiner Geliebten genieße«, schwärmte Dennis. »Das sanfte Tasten und die groben Berührungen. Es sind unvergleichliche Begegnungen, körperlich und geistig. Doch jede Zusammenkunft ist ein Schritt hin zur Auflösung unserer Beziehung.«

Das Leuchten in seinen Augen verschwand.

»Ich kann einfach nicht treu sein«, seufzte er. »Der letzte Schliff tötet all mein Begehren. Mich erregt das Fehlerhafte,

Unfertige, Nichtvollendete. Sobald meine Gespielin makellos ist, verliert sie für mich jeden Reiz.«

Dennis stand auf und stellte sich in die leere Zimmerecke mit dem Rücken zur Wand.

»Ganz anders ist es mit der Einsamkeit. Sie ist meine Sandkastenliebe und weicht nie von meiner Seite. Wenn ich mich mit meinen Plastiken vergnüge, steht sie mit geballten Fäusten daneben. Die Einsamkeit ist schrecklich eifersüchtig, oft fürchte ich mich vor ihr, doch es gibt ebenso viele Momente, in denen ich mich nach dem Zwiegespräch mit ihr sehne.«

Dennis gab der Unsichtbaren einen Kuss, dann setzte er sich wieder neben mich auf die Matratze.

»Die Einsamkeit ist immer für mich da, sie kennt meine Ängste und tiefsten Abgründe. Sie spricht nicht viel, vielleicht kann ich deshalb mit ihr über alles reden. Ihr zwei«, sagte Dennis und legte den Arm um meine Schultern, »seid meine besten Freunde.«

In solchen Momenten fiel es mir schwer, ernst zu bleiben. Ich öffnete die dritte Bierdose meines mitgebrachten Sixpacks. An sich war Dennis ein sehr abgeklärter Mensch, der nur ungern über seine Kunst sprach. Doch wenn er einmal ins Reden kam, war er nicht mehr zu bremsen.

Dennis wollte wissen, wie ich das Schreiben erlebte. Ich erklärte ihm, dass ich meine Werke zwar gern in der Öffentlichkeit vortrüge und über sie spräche, dass ich das Schreiben an sich aber eher als lästige Pflicht empfände, als notwendiges Übel. Stattdessen träumte ich von einer Werkstatt, in der Mitarbeiter meine Buchideen verwirklichten und meine Textentwürfe zu Ende führten. So wie in der Malerei – oder wie beim Autor von »Der Graf von Monte Christo«, für den zeitweise über fünfzig Lohnschreiber tätig gewesen waren.

Mein Wunsch entsetzte Dennis.

»Ich glaube nicht«, sagte er streng, »dass man Schriftsteller sein kann, wenn man das Schreiben nicht liebt und sich zur Arbeit immer zwingen muss.«

Ich widersprach ihm, wir stritten uns, doch meine Argumente überzeugten ihn nicht. Das verletzte mich.

Dennis war ein Romantiker, wahrscheinlich sogar der romantischste Mensch, den ich kannte. Trotzdem kam er auf der Abschlussfahrt unserer Jahrgangsstufe mit Sandra Lippmann zusammen. Sie war ein nettes Mädchen, still, freundlich, fast noch ein Kind. Sandra passte überhaupt nicht zu Dennis, ich fand sie so spannend wie ein leeres DIN-A4-Blatt.

Sandra spielte in einem Sportverein Frisbee, las »Bücher zum Film« und hielt »Starlight Express« für die größte künstlerische Leistung der Menschheit. Als Leistungskurse hatte sie Biologie und Religion gewählt. Ihr ganzes Geld gab sie für Schnickschnack aus, der mit Motiven einer japanischen Comic-Katze bedruckt war. Als Dennis ihr die Plastik »Mahnender Zeigefinger« schenkte, verschwand diese unter Stoffbergen mit dem Katzen-Logo.

In der Zeit ihrer Beziehung sank seine bildhauerische Produktion auf den Nullpunkt, sie sprach immer nur von seiner »Bodyart«. Zum Geburtstag schenkte Sandra Dennis ein Schnupperabonnement für ein Kraftstudio. Das war, wenn ich mich recht erinnere, auch der Auslöser ihrer Trennung.

Nach dem Abitur studierte Sandra in Duisburg Grundschulpädagogik, später heiratete sie einen Chiropraktiker. Mit ihrem Mann und ihren Kindern Dinah und Rusty wohnt sie heute in einer Reihenhaussiedlung in Oberhausen mit Blick auf das Gasometer. Ich bin ihr kürzlich zufällig auf dem Flohmarkt im Rhein-Ruhr-Zentrum in Mülheim begegnet.

Sandra stand hinter einem Tapeziertisch voll mit diesem Comic-Katzenplunder: Kissen, Kaugummispender, Schlüsselanhänger, Stifte, Magneten... Auf dem Tisch lag auch ein pinkfarbener Plastikstab mit dem Katzengesicht oben und einem Drehregler unten.

»Das ist ein vibrierendes Schultermassagegerät«, erklärte mir Sandra, »äußerst selten. Dafür will ich mindestens siebzig Euro haben.«

Offensichtlich hatte ich mich in Sandra getäuscht. Und wahrscheinlich hätte ich in meiner Jugend mehr Spaß gehabt, wenn ich mein Herz den stillen Wassern und bienenfleißigen Mauerblümchen geschenkt hätte, anstatt den *wahnsinnig interessanten* Mädchen mit Vaterkomplex, Essstörung und Bindungsängsten hinterherzurennen.

»Sag mal«, fragte ich Sandra, »was hast du eigentlich mit der Plastik gemacht, die dir Dennis damals geschenkt hat?«

»Ach, du meinst den Finger«, antwortete sie. »Der steht

jetzt unten bei uns im Heizungskeller. Schon dreimal bin ich mit dem Teil umgezogen, dabei habe ich überhaupt keine Verwendung dafür. Er ist ja auch viel zu groß und außerdem hässlich. Uwe wollte ihn schon auf die Straße zum Sperrmüll stellen. Wenn du willst, kannst du den Finger gerne haben. Du musst ihn nur abholen.«

Ich zögerte keine Sekunde. Eine Woche später fuhr ich mit einem Nachbarn und seinen beiden Lehrlingen nach Oberhausen. Seit diesem Tag hat der »Mahnende Zeigefinger« einen Ehrenplatz in unserem Esszimmer, direkt neben dem »Fuß ohne Meinung«, sehr zum Leidwesen von Katharina, meiner Frau.

Sandra war Dennis' erste Freundin – und lange Zeit glaubte ich, dass sie auch seine letzte bleiben würde. Spätestens, nachdem er den Job in der Geflügelfabrik angefangen hatte, war ich davon überzeugt: Die Arbeit war wie Kerkerhaft in einem Gemälde von Hieronymus Bosch.

Frühmorgens wurden die Hühner in der Fabrik angeliefert, palettenweise, in niedrigen, viel zu engen Plastikkörben, in denen bis zu zwanzig Tiere zusammengepfercht waren. Die Körbe wurden ausgeleert, die Tiere fielen auf eine Förderrinne, die sogenannte Schlachtlinie.

Mehrere Arbeiter hingen die Hühner kopfüber mit den Beinen in eine Transportschiene, die herabhängenden Köpfe wurden dann durch ein unter Strom gesetztes Wasserbad gezogen, dem elektrischen Betäuber. Die Tiere fielen in Ohnmacht, anschließend schlitzten ihnen zwei rotierende Messerblätter den Hals auf.

Dann wurden die Tierleichen abgespritzt und maschinell gerupft. Die herabhängenden Köpfe wurden abgeschnitten und die Gedärme mit einem Spiralbohrer aus den Körpern entfernt.

Danach wurden die Leichen vermessen. Die nicht so schweren Körper wurden weiter zerlegt, in Brust, Schenkel, Flügel, die anderen fielen auf ein Förderband und wurden einzeln geprüft. Ein Arbeiter hob jede Leiche hoch, besah sie von drei Seiten und bewegte mit den Händen die Flügel und Schenkel.

Der nächste Arbeiter nahm dann den Körper, stopfte einen Beutel mit Eingeweiden in das tote Tier und legte es auf eine der weißen Kunststoffschalen, die auf einem Fließband an ihm vorbeizogen. Ihm gegenüber stand Dennis, der mit Gummibändern die Keulen der Hähnchen zusammenschnürte, alle drei Sekunden ein Paar. Zum Schluss wurden die Hähnchen eingeschweißt, etikettiert und verfrachtet. Auf diese Weise wurden täglich über fünfzehntausend Tiere getötet.

Die Arbeit veränderte Dennis. Er ließ den Kopf oft hängen, war niedergeschlagen und entdeckte in jeder Ecke Trauerzüge. Ich drängte ihn, sich einen neuen Job zu suchen oder arbeitslos zu melden – letzteres kam für Dennis überhaupt nicht in Frage. Sein Verhalten war mir unbegreiflich. Ich hatte den Eindruck, er wolle sich selbst bestrafen.

Dann, eines Tages, schien er plötzlich wie verwandelt. Seine Miene hatte sich aufgehellt, seine Augen strahlten, und fortan eilte er sogar mit Freude in die Fabrik. Der Grund war die neue Mitarbeiterin in der Lebendanlieferung. Sie hieß Lily.

Lily arbeitete nicht in der Fabrik, um Geld zu verdienen, sondern um die Werktätigen zum Klassenkampf zu bewegen. Sie war Leninistin, rauchte Zigarillos und konnte die »Internationale« in einundzwanzig Sprachen singen. Als Schülerin hatte sie einen erotischen Briefwechsel mit einem in Stammheim inhaftierten RAF-Terroristen unterhalten.

»Wahrscheinlich steht sie auch in Kontakt zu verfassungsfeindlichen Gruppen«, vermutete Dennis. »Sie hat mal etwas in diese Richtung angedeutet.«

Lily studierte Russisch und Sozialwissenschaften an der Ruhr-Universität, ihr Vater war Professor für Mathematik, ihre Mutter eine ehemalige Tänzerin. Dennis lauschte Lilys Worten mit Andacht... Sie hätte auch Kisuaheli mit ihm reden dürfen.

Ihre Schichten begannen ein wenig zeitversetzt zu seinen. Jeden Werktag verzichtete Dennis deshalb auf seine Lieblingsfernsehsendung und wartete eine Stunde vor dem Fabriktor auf Lily, nur damit er sie ein paar Meter bis zur Haltestelle begleiten und dann in den Bus verabschieden konnte. Nach ein paar Tagen erwarb er sogar ein Monatsticket, damit er die zwanzig Minuten im Bus noch mitfahren und ihr länger zuhören konnte.

In ihren Ansprachen entlarvte Lily den Imperialismus als höchste Stufe des Kapitalismus, fand es ein Unding, dass Mobilitätsbeschränkungen andere Unternehmen daran hinderten, die Profitratenposition eines begünstigten Unternehmens zu gefährden, und belegte stichhaltig, warum Fanny Kaplan nicht die Attentäterin Lenins sein konnte. Täglich nach der Arbeit rief mich Dennis an und breitete sein neues Wissen vor mir aus: Er erklärte mir Sinowjews Rolle innerhalb der linken Opposition, zitierte aus Molotows Liebesbriefen an Polina und nannte mir die Öffnungszeiten des Lenin-Mausoleums in Moskau. Schon freitagnachmittags freute er sich auf Montagfrüh.

Von ihm aus hätte es ewig so weitergehen können, doch eines Mittags erhielt ich von Dennis einen Anruf. Er schien bedrückt und bekam fast keinen Ton heraus.

»Es gibt grauenhafte Neuigkeiten, Mark«, klagte er schließlich, »bitte komm sofort zu mir. Mir geht es erbärmlich. Lily hat mir vorhin erzählt, dass in der nächsten Woche die Vorlesungen wieder anfangen und morgen ihr letzter Tag in der Fabrik ist. Ich werde sie nie mehr wiedersehen. Alles ist aus!«

So verzweifelt hatte ich Dennis zuletzt in der siebten Klasse erlebt, als er zum ersten Mal einen blauen Brief nach Hause geschickt bekommen hatte und seine Versetzung gefährdet gewesen war. Dennis wollte sich sogar wieder an der Ruhr-Universität einschreiben und Russisch studieren – dabei sprach er noch nicht einmal anständig Englisch.

Ich eilte sofort zu ihm und versuchte ihn zu trösten.

»Dennis«, sagte ich, »wirf die Flinte nicht so schnell ins Korn. Du kannst Lily schließlich auch privat sehen. Lade sie doch mal ins Kino ein. Oder ins Museum oder in den Zoo.«

24

Dennis starrte auf die weißgetünchte Wand, verfiel in regungsloses Schweigen ... Dann, nach einer Weile, ballte er die Fäuste, nickte entschlossen und bat mich zu gehen. Er hatte einen Plan gefasst, am anderen Morgen wollte er ihn in die Tat umsetzen.

In der Nacht bekam er kein Auge zu. Seine Arbeit am anderen Tag erledigte er fahrig, vor dem Werktor trampelte er fast einen Pfad in den Asphalt. Als Lily aus der Fabrik kam, wurde ihm schwindelig. Kreidebleich und schwitzend saß er neben ihr im Bus, während sie ihm den Unterschied zwischen weißem und rotem Terror erklärte.

Am Hauptbahnhof trennten sich gewöhnlich ihre Wege: Sie lief die Treppe zur U-Bahnstation hinunter, er stieg wieder in denselben Bus und fuhr zurück in die Richtung, aus der er gekommen war. An diesem Tag begleitete er sie jedoch nach unten. Als er im Tunnel die Lichter der einfahrenden U-Bahn sah, unterbrach er ihren Vortrag.

»Du, Lily«, sagte er mit geschlossenen Augen, »du bist doch bestimmt hungrig. Ich kenne ein nettes Café in der Nähe, dort kann man prima frühstücken. Ich möchte dich gern einladen, jetzt gleich. Wir können aber auch woanders hingehen, zum Italiener, zum Chinesen oder Araber. Oder in eine Kneipe oder in eine Eisdiele, wohin du willst. Und wenn es dir heute nicht passt, dann –«

»Klar.«

Lily stimmte zu, ohne zu zögern, mit nur einem einzigen Wort. Mit dieser Antwort hatte Dennis nicht gerechnet – zum Glück hatte er genügend Geld dabei. Lily setzte ihre Rede fort, während Dennis sie glücklich und stumm in die »Katzenstube« dirigierte.

Die Sonne schien, es war ein warmer, goldener Oktobertag, im Garten war ein Tisch frei, an dem sie Platz nahmen. Beide bestellten das französische Frühstück, Dennis bekam keinen Bissen hinunter und überließ Lily seine beiden Croissants. Inzwischen klagte sie wieder über die unerträglichen Zustände in der Fabrik.

»Vier Stunden Akkord ohne Pause, das ist ja schlimmer als in der Frühindustrialisierung«, empörte sie sich. »Man darf auch nichts trinken, nur das pisswarme Wasser aus der Plastikflasche, dabei heizt sich die Halle im Sommer auf über vierzig Grad auf, das Dach ist doch nur Wellblech. Aber niemand regt sich auf, die Türkenpapas wählen alle CDU, und die Frauen reden die ganze Zeit über das Scheißfernsehprogramm. Ich kann überhaupt nicht verstehen, warum du dort schuftest.«

Zum ersten Mal erzählte Dennis Lily von seiner eigentlichen Arbeit, der Bildhauerei. Dass er überdimensionale Betonplastiken von menschlichen Körperteilen herstelle und dass ihm diese Betätigung ungeheure Freude und tiefe Befriedigung verschaffe.

»Wenn ich müsste«, gestand er, »würde ich dafür sogar Geld zahlen.«

Dennis schwärmte von dem Werkstoff Beton, zählte seine künstlerischen Vorbilder auf und erläuterte die einzigartigen Möglichkeiten, die die Bildhauerei bot.

»Eine Skulptur kannst du von vorn betrachten«, erklärte

er, »von oben und von der Seite. Um eine Skulptur kannst du herumgehen. Ein Bild aber, egal, ob ein Gemälde oder ein Foto, kann nur einen flachen Eindruck von einem Gegenstand vermitteln. Deshalb ist die Bildhauerei auch der Malerei und Fotografie überlegen.«

Lily und Dennis hatten die Rollen getauscht, die Sätze sprudelten nur so aus ihm heraus. Während er sprach, sagte sie kein Wort und schaute ihn mit großen Augen an. Dennis unterbrach seine Rede erst, als er auf die Toilette musste; er hatte damit bis zum letzten Moment gewartet und sich fast in die Hose gemacht.

Als er an den Tisch zurückkehrte, wollte Lily auf der Stelle seine Arbeiten sehen, sie war ganz aufgeregt.

Die beiden fuhren mit dem Bus zu seinem Wattenscheider Domizil. In Dennis' Einzimmerwohnung herrschte das übliche Chaos. Man wusste nicht, wo man hintreten, geschweige denn sich hinsetzen sollte. Meißel, Hämmer und Spachtel lagen auf dem Boden herum, alle Gegenstände waren mit einer dicken Staub- und Pulverschicht überzogen.

Kaum hatte Dennis die Tür geöffnet, rannte Lily in den Raum, blieb vor »Das kaputte Knie Gottes« stehen, eine Plastik, zu dem ihn eine Biographie über Thomas von Aquin inspiriert hatte, und stieß einen Freudenschrei aus: »Ich habe es gewusst, vom ersten Augenblick an. Das ist sozialistischer Realismus! Du bist wundervoll.«

Sie umarmte Dennis und drückte ihren Kopf an seine Brust. Er legte seine Arme um ihre Schultern, spürte ihren hämmernden Herzschlag und schloss die Augen.

»Sozialistischer Realismus, sozialistischer Realismus«, wiederholte sie leise.

Dann küssten sie sich.

»Meine Kunst hat Lily und mich zusammengebracht«, erzählte Dennis später voller Stolz.

Niemand konnte ahnen, dass sie die zwei auch wieder auseinanderbringen würde.

3 Muttertag

Lily und Dennis waren ein Paar wie John Lennon und Yoko Ono, symbiotisch, unzertrennlich, nicht von dieser Welt. Dennis machte Lily mit den Meisterwerken der plastischen Kunst bekannt, von den kantigen Jünglingsstatuen des Polymedes bis hin zu Karavans unheimlicher Gedenkstätte für Walter Benjamin. Gemeinsam hörten sie Platten von Ernst Busch, lasen in Ernest Mandels Einführung in das Denken von Leo Trotzki und verbrachten die Nachmittage im Marler Skulpturenpark oder im »Quadrat«-Museum in Bottrop.

Unsere täglichen Telefonate entfielen, Dennis gab es fortan nur noch im Doppelpack. Die Treffen waren wenig ergiebig. Die beiden hielten die ganze Zeit über Händchen, schmusten und küssten sich. Ich gönnte Dennis sein Glück, war aber gleichzeitig enttäuscht über seine plötzliche Fixierung.

So oft er konnte begleitete Dennis Lily zu ihren Vorlesungen und Seminaren, obwohl er mit der Universität eigentlich auf Kriegsfuß stand. Dabei hatte er sich so auf das Studium gefreut, die Oberstufe war für ihn der blanke Horror gewesen. Ständig hatte er Streit mit den Lehrern, musste sich von unserem Rektor etliche Standpauken anhören und wäre beinahe nicht zur Abiturprüfung zugelassen worden – wegen zu vieler Fehlstunden und eines »Ungenügend« ausgerechnet im Kunstunterricht. Doch am Ende war seine Abschlussnote besser als meine.

Als wir sahen, dass unser Studium bloß eine Fortsetzung des Schulunterrichts war, ohne meine Angstfächer Chemie und Mathematik, war ich erleichtert, Dennis entsetzt. Man konnte, wenn man sich geschickt anstellte, die geforderten Leistungsnachweise mit wenig Aufwand erbringen. Ich suchte daher andere Herausforderungen. Ein paar Monate lang hatte ich drei Freundinnen gleichzeitig, zwei wohnten in demselben Studentenwohnheim, und ich fuhr bequem mit dem Aufzug von der einen zur anderen.

Die Dozenten mochten Dennis, und in der Mensa drehten sich Studentinnen nach ihm um – trotzdem fühlte er sich an der Universität von Feinden umzingelt. Die gesamten Semesterferien schlug er sich mit einer einzigen Hausarbeit herum, für die er am Ende die gleiche Note bekam wie diejenigen, die ihren Text komplett abgeschrieben hatten.

Im zweiten Semester betrat Dennis den Campus nur noch zum Mittagessen, nach dem dritten Semester ließ er sich exmatrikulieren. Seine Studienwahl war ein fauler Kompromiss gewesen, er hätte sich eher an einer Kunsthochschule bewerben und Bildhauerei studieren sollen, doch dafür fehlte ihm das nötige Selbstvertrauen. Dennis konnte sich damals nicht gut verkaufen – seine Eltern waren einfache Leute, sein Vater Bierfahrer, sie hatten Respekt vor jeder Postwurfsendung.

Obwohl Dennis nicht mehr an der Universität einge-
schrieben war, traf man ihn dort nun wegen Lily häufiger
als mich. Kurze Zeit später begannen die Studentenproteste.
Ich habe den Auslöser vergessen: Eine Bibliothek sollte geschlossen, das Semesterticket abgeschafft, die Studienge-
bühren eingeführt oder erhöht werden ... Jedenfalls begann
es als harmloser Faxprotest und endete als bundesweiter
Hochschulstreik.

Lily, Dennis und ich nahmen an den Protestmärschen
durch die Bochumer Innenstadt teil, wir besetzten die Am-
pelkreuzung vor dem Schauspielhaus, und während einer
Studentenvollversammlung im Audimax hielt Lily eine
flammende Rede, in der sie ein Grundgehalt für Studenten forderte. Gemeinsam ließen wir drei uns als Streikpos-
ten einteilen und hinderten angehende Juristen und Wirt-
schaftswissenschaftler daran, das Universitätsgebäude zu
betreten. Das Ganze war ein großer Spaß.

Ernst wurde die Sache dann ein paar Wochen später. Studenten aus allen Ecken der Republik kamen am Nikolaus-
tag in Düsseldorf zusammen, um vor dem Sitz des Minister-
präsidenten zu protestieren. Im Minutentakt fuhren die
Sonderzüge am Vormittag in den Bahnhof ein.

Wie ein buntes Band zog sich der Demonstrationszug
durch die Düsseldorfer Innenstadt, entlang der Königsallee,
auf beiden Seiten des Grabens. Es waren zehntausende Menschen. Sozialisten schwenkten Fahnen, Globalisierungs-
gegner entrollten Spruchbänder, eine Gruppe maskierter
Clowns skandierte »Marsch, Marsch, Marshmallows!«. Die

Stimmung war fantastisch, trotz der eisigen Kälte. Langhaarige, Anzugträger und Vermummte liefen traulich vereint Seite an Seite.

Am Nachmittag erreichte der Demonstrationszug dann den Sitz der Landesregierung. Mit einem gellenden Trillerpfeifenkonzert wurde der Ministerpräsident empfangen, zwei Studentenvertreter übergaben ihm einen Forderungskatalog, mit einem Pfeifkonzert wurde der Ministerpräsident verabschiedet. Lily, Dennis und ich waren begeistert.

Es war unsere erste große Demonstration gewesen, und während der Fahrt mit dem Regionalexpress zurück ins Ruhrgebiet überboten wir uns gegenseitig mit Glücksbekenntnissen. Wir stiegen in Wattenscheid aus, kauften an einer Trinkhalle drei Flaschen billigen Rotwein und hockten uns in Dennis' Wohnung. Selbst Dennis genehmigte sich zur Feier des Tages einen Fingerhut Wein, den Rest der Flaschen leerten Lily und ich – sie konnte trinken wie ein Russe.

Neugierig schalteten wir um acht Uhr die »Tagesschau« ein. In Düsseldorf waren wir in der ersten Reihe marschiert und hatten die Kamerateams vor uns hergetrieben, Lily hatte einem Journalisten sogar ein Interview gegeben. Ich hätte darauf wetten können, dass wir drei in der »Tagesschau« zu sehen sein würden. Doch was wir zu sehen bekamen, war für uns ein Schock!

Die Hauptnachricht war die neuerliche Benzinpreiserhöhung. Es folgten ein Nachruf auf einen Hollywoodregisseur, Berichte über ein Unwetter in Baden-Württemberg und die Verleihung einer Ehrenmedaille an einen deutschen Modedesigner. Dann kam die Wettervorhersage. Die Proteste in Düsseldorf wurden mit keiner einzigen Silbe erwähnt.

»Aber das ist ja Zensur!«, rief ich empört.

Entsetzt schalteten wir uns durch die Kanäle, doch alle Nachrichtensendungen brachten das Gleiche – *nichts!*

»Kein Wunder, die sind ja auch alle gleichgeschaltet«, diagnostizierte Lily. »So viel also zum Thema vierte Gewalt.«

Dennis war fassungslos. Er erzählte von seiner Oma, die den Nachrichtensprecher Karl-Heinz Köpcke verehrt hatte. Immer wenn Karl-Heinz Köpcke in der »Tagesschau« zu sehen gewesen war, hatte sie ihm eine Tasse Kaffee gekocht und an den Fernseher gestellt.

Unser Entsetzen verwandelte sich in Wut.

»Was hier abgeht ist doch krank«, empörte sich Lily. »Der Staat schiebt den Unternehmen Milliarden in den Arsch, überall gibt es Rekordgewinne, und die Leute verlieren trotzdem ihre Jobs. Die halten uns doch alle für blöd.«

»Wir sind ja auch blöd, weil wir nichts tun«, sagte Dennis. »Weil wir alle in unserem eigenen Saft schmoren.«

»Richtig«, sagte Lily, »wir müssen endlich raus aus dem Elfenbeinturm. Kennt ihr ›Die Mutter‹ von Brecht? Da geht es genau darum. Wie man sich aus den Verhältnissen befreit und für die gerechte Sache eintritt.«

»Das Stück basiert auf einem Roman von Gorki«, bemerkte ich.

»Genau«, sagte sie. »›Die Mutter‹ ist eine echte Gebrauchsanweisung, hochexplosiv und topaktuell. Schade, dass es kein Theater mehr aufführt.«

»Dann lasst uns das Stück doch aufführen«, forderte Dennis. »Ich mache auch das Bühnenbild.«

»Ja, und ich besorge uns einen Raum und kümmere mich um das Organisatorische«, sagte Lily. »Ich kenne auch genug Leute, die mitspielen werden.«

Die beiden schauten mich erwartungsvoll an. Ich hatte einen weiteren Joint gedreht, zündete ihn an, sog den Rauch ein und blies ihn in großen Kringeln aus.

Ich war kein regelmäßiger Theatergänger und empfand das Bühnenspiel angesichts von Fernsehen und Kino als aussterbende Kunstform – trotzdem arbeitete ich zu dieser Zeit an einem eigenen Theaterstück, eine Art Dürrenmatt-Parabel im »Pulp Fiction«-Stil, und hielt mich deshalb für höhere Aufgaben berufen.

»Abgemacht«, sagte ich. »Dann mache ich die Regie.«

Nachdem ich den Joint aufgeraucht hatte, musste ich mich unverzüglich hinlegen. Dennis gab mir einen Schlafsack. Ohne mich auszuziehen kroch ich hinein und fiel im Schatten des kaputten Knies Gottes in einen komatösen Schlaf.

Wach wurde ich mitten in der Nacht von Lilys Stöhnen. Sie und Dennis waren auf der Matratze wild zugange, im Bett war Lily ein echter Brüller. Ich rappelte mich hoch, verließ die Wohnung und lief zu Fuß von Wattenscheid nach Querenburg.

Der nächste Tag war schrecklich. Ich hatte einen furchtbaren Kater, höllische Kopfschmerzen und musste mich mehrfach übergeben. Am Mittag, direkt nach seiner Fabrikschicht, rief Dennis an.

»Lily und ich haben heute Morgen einen Flyer für die Mutter-Aufführung entworfen«, erzählte er mir. »Den kopieren wir gleich und verteilen ihn an der Uni. Soll ich dir den Text vorlesen?«

»Bloß nicht«, antwortete ich gequält.

»Nein?« Dennis' Redefluss geriet ins Stocken. »Na ja, jedenfalls haben wir für nächsten Freitag ein Treffen angesetzt, um achtzehn Uhr im ›Oblomov‹, für alle Interessierten. Hast du Zeit?«

»Mhm.«

»Sag mal, geht es dir nicht gut?«

Statt zu antworten legte ich auf und rannte zur Toilette. Anschließend zog ich das Telefonkabel aus der Buchse. Ich schlief fast zwanzig Stunden am Stück, danach ging es mir besser. Ich steckte das Telefonkabel zurück in die Buchse, keine Minute später läutete der Apparat. Es war Dennis. Er wollte sogleich vorbeikommen und seine Ideen fürs Bühnenbild mit mir durchsprechen. Ich hatte noch nichts gegessen und schob vor, verabredet zu sein.

Nachdem ich mich angezogen hatte, lief ich ins Uni-Center und besorgte mir in einer Buchhandlung die Taschenbuchausgabe des Stücks. Ich setzte mich in die Burger-King-Filiale, gönnte mir ein Maxi-Menü und begann zu lesen.

Eine unpolitische Arbeitermutter wird belehrt und verwandelt sich in eine militante Kommunistin, die nach dem Tod ihres Sohnes dessen Kampf fortführt und schließlich mit der roten Fahne in der Hand die Reihen der Revolutionäre anführt. Ich hatte das Stück als Schüler gelesen, zumindest auszugsweise, meine damalige Begeisterung konnte ich inzwischen nicht mehr nachvollziehen. Ich fand die Dialoge hölzern, die Handlung unglaubwürdig, die Hauptfigur blutleer – eine Mutter ohne Unterleib, Parteitheater im Zeichen von Hammer und Sichel. Ich brauchte fast eine Woche, bis ich mich durch die neunzig Seiten gequält hatte.

Dennis hingegen zeigte sich von der Lektüre tief bewegt, und ich traute mich nicht, ihm meine Einwände zu nennen. Ständig zitierte er Verse aus dem Stück, schwärmte von der dritten Sache und beklagte das Fehlen der Kopeke. Insgeheim rechnete ich damit, dass das Projekt im Sande verlaufen würde, allerdings hatte ich Lilys Organisationstalent unterschätzt.

Als ich am Freitag das »Oblomov« betrat, erwarteten mich bereits fünfzig oder sechzig Menschen. Frauen und Männer, verträumte Erstsemester und bärtige Bummelstudenten, aber auch einige Nichtakademiker – und alle wollten in unserer »Mutter«-Aufführung mitspielen.

»Das ist Mark«, stellte mich Lily den Anwesenden vor, »unser Regisseur!«

Die Menge applaudierte. Ich war sprachlos. Verlegen lief ich von Tisch zu Tisch und schüttelte viele Hände. Unter den Anwesenden waren zahlreiche erfahrene Laienschauspieler, und fast alle kannten das Stück. Lily packte mich am

Arm und dirigierte mich zu einem hageren Mann in einem bunten Strickpullover.

»Kennst du Manfred?«, fragte sie. »Er leitet einen schwulen Männerchor in Herne. Die Jungs haben schon damit begonnen, die Lieder des Stücks einzustudieren.«

»Wir können dazu auch steppen«, sagte Manfred stolz.

Er fragte mich nach meinen Inszenierungsleitlinien und Besetzungswünschen. Ich war unvorbereitet und nicht textsicher, ich kam mir vor wie ein Hochstapler.

Im »Oblomov« wurde lebhaft diskutiert und dementsprechend viel geraucht, man konnte die Luft in Scheiben schneiden. Dennis tat mir leid, er hustete den ganzen Abend und sagte kaum ein Wort. Ich versuchte meinen Zigarettenkonsum einzuschränken, es gelang mir nicht.

Zwei Tage zuvor hatte die Vollversammlung der Studenten beschlossen, den Universitätsstreik nach den Weihnachtsferien auszusetzen. Alle waren enttäuscht, aber niemand entmutigt. Immer wieder fielen Sätze wie »Jetzt erst recht!« und »Denen werden wir es zeigen!«

»Unsere Inszenierung wird eine Kampfansage!«, rief Dennis und schlug mit der Faust auf den Tisch.

Weit nach Mitternacht löste sich die Versammlung auf, wir hatten den »Oblomov«-Betreibern den Umsatz ihres Lebens beschert. Lily stieg auf einen Stuhl und verabschiedete die Truppe.

»Frohe Weihnachten und guten Rutsch«, rief sie. »In drei Wochen sehen wir uns zur ersten Probe wieder. Um Punkt vier. Haltet die Ohren und ähnliches steif!«

Lily hatte es tatsächlich geschafft, an der Studiobühne der Universität einen Termin zu ergattern, an dem wir einmal pro Woche proben konnten.

Nach dem Abend im »Oblomov« stürzte ich mich kopfüber in die Regiearbeit. Ursprünglich wollte ich Silvester in Berlin verbringen, bei meiner Exfreundin Steffi, meiner ersten großen Liebe, die immer noch an mir hing und seit dem Frühjahr an der Humboldt-Universität studierte. Es wären ausgelassene Tage geworden, mit viel Sex, ich hatte auch schon vor Monaten billige Zugtickets besorgt, doch kurzfristig sagte ich die Reise ab – es brach Steffi das Herz.

Ich blieb in Bochum und verbrachte in diesen drei Wochen mehr Zeit in der Bibliothek als während meines restlichen Studiums. Ich analysierte den Gorki-Roman und die dem Stück zugrunde liegende »Volksbühnen«-Dramatisierung und schaute mir am Weihnachtsabend mit meinen Eltern nacheinander drei unterschiedliche Inszenierungen der »Mutter« auf Video an. Ich las Aufsätze über das Lehrstück in mir fremden Sprachen, außerdem Hegels »Ästhetik« und Lessings »Hamburgische Dramaturgie«. Ich erarbeitete mehrere Strichfassungen und kaufte mir schließlich von meinen Urlaubsersparnissen die große, gebundene, dreißigbändige Bertolt-Brecht-Gesamtausgabe.

Als die Ferien zu Ende waren, hätte ich jedes »Mutter«-Quiz der Welt gewonnen. Schon Stunden vor dem ersten Probetermin lief ich aufgeregt und voller Vorfreude über das Campusgelände und stellte erstaunt fest, dass nur noch vereinzelte Plakate und Spruchbänder an den zurückliegenden Streik erinnerten. Alle Gebäude waren frei zugänglich, Dozenten hielten ihre Sprechstunden ab, in den Gängen traf man gut gelaunte und frisch erholte Studenten. Umso dringlicher erschien mir in diesem Augenblick unsere Theaterarbeit.

Pünktlich wie die Atomuhr stürmte ich energisch und mit entschlossenem Blick in das Musische Zentrum – und sackte in mich zusammen, als ich die Studiobühne betrat. Neben Lily und Dennis erwarteten mich nur zwei weitere Menschen... Ausgerechnet die Wagner-Zwillinge. Eine Dreiviertelstunde später stieß noch Janet zu uns, eine leicht verrückte Deutschamerikanerin. Mehr Teilnehmer des »Oblomov«-Abends kamen nicht.

Auch beim nächsten Probetermin waren wir wieder nur zu sechst, obwohl Lily in der Zwischenzeit etliche Anrufe getätigt hatte. Es war eine Riesenenttäuschung. Natürlich wäre es vernünftig gewesen, das Projekt an dieser Stelle abzubrechen, doch der Gedanke war mir unerträglich – ich hatte bereits zu viel Herzblut in die Sache gepumpt.

»Widerstände sind dazu da, dass man sie überwindet«, beschwor ich die anderen. »Auch die Hütte der Mutter war einst für zwei zu klein. Ich frage euch: An wem liegt es, wenn die Unterdrückung bleibt? An uns, sagt Brecht. Und an wem liegt es, wenn sie zerbrochen wird? Ebenfalls an uns.«

Nach diesem Appell stimmten wir ab und beschlossen einstimmig, das Stück trotz Unterbesetzung aufzuführen. In der Woche darauf begannen wir ernsthaft zu proben. Jedes Treffen begann mit Lockerungsübungen und einer halben Stunde Improvisation. *Sei ein Felsen. Balanciere wie ein Selbstmörder über einen schmalen Hochhaussims. Falle in einen Termitenhaufen.* Die Wagner-Zwillinge bewältigten die Aufgaben mit stoischer Ruhe – man konnte nicht unterscheiden, ob sie gerade Todesängste ausstanden oder im Lotto gewannen.

Die Wagner-Zwillinge waren zwei kleinwüchsige, pilzköpfige Computerfreaks, die in einem bunt bemalten Studentenwohnheim nebeneinander lebten und irgendetwas Nützliches im IC-Trakt studierten. Im Zuge des Streiks waren sie zu Ruhm gekommen, da sie ein Computerprogramm entwickelt hatten, das in einer Endlosschleife eine Telefonnummer wählte, nach einmaligem Klingeln die Verbindung unterbrach und dann erneut die Nummer wählte. Mehrere Wochen lang wurden auf diese Weise über eintausendfünfhundert Telefonapparate von Politikern und Ministerien lahmgelegt.

Obwohl sich Dennis weigerte, in dem Stück mitzuspielen und selbst Statistenrollen ablehnte, war er bei jeder Probe mit dabei und bejubelte Lily. Sie spielte gut, doch Janet war besser.

Janet war Mitte dreißig, eine Vollblutschauspielerin, wandlungsfähig, temperamentvoll, sexy. Sie hatte fast so viele Fächer wie Semester studiert. Ihre Unterarme waren voller Narben, und wenn ihr etwas nicht gefiel, warf sie sich auf den Boden und strampelte mit den Beinen. Dennis hatte, wie er mir später gestand, sogar Angst vor ihr. Das passte prima in mein Konzept – ich wollte eine Mutter *mit*

Pep auf die Bühne bringen. Meine Pelagea Wlassowa sollte eine Person aus Fleisch und Blut sein, eine Mutter *aller* Länder und *aller* Zeiten, und Janets dezenter amerikanischer Akzent betonte das Allgemeingültige der Figur: Sie sollte die Titelrolle spielen!

Zunächst lasen wir in der Gruppe das Stück. Ich hatte die meisten Rollen gestrichen, viele Reden zusammengefasst und in Rekordzeit eine für uns spielbare Fassung entwickelt. Alle Gegner der Mutter wurden von den Wagner-Zwillingen gemeinsam gesprochen und dargestellt – am liebsten hätte ich die Rollen mit Wagner-Drillingen oder Wagner-Vierlingen besetzt. Die Feinde sind zwar in der Überzahl, wollte ich damit zeigen, aber Wichte.

»Kann man denn Brecht so verändern?«, fragte einer der Zwillinge zaghaft.

»Wenn man es kann«, antwortete ich und erstickte so die Diskussion im Keim.

Die Proben liefen gut, doch wir kamen nur langsam voran. Kurz vor den Semesterferien überraschte uns Lily dann mit einer großartigen Nachricht. Sie hatte mit dem Leiter des Musischen Zentrums gesprochen und ihn von der Bedeutung unseres Theaterprojekts überzeugt. Er hatte daraufhin erwirkt, dass uns in der vorlesungsfreien Zeit die ungenutzte Studiobühne rund um die Uhr zur Verfügung stehen würde. Das war eine einmalige Gelegenheit, die wir uns nicht entgehen lassen durften. Wir fassten ein ehrgeiziges Ziel: Schon im Mai, also in knapp drei Monaten, sollte die Premiere unserer »Mutter«-Aufführung stattfinden. Eile war geboten – wir mussten das Stück aufführen, solange der Streik noch nicht vollständig aus den Köpfen der Menschen verschwunden war.

Die nächsten Wochen waren intensiv und rauschhaft. Fünf Tage in der Woche, manchmal sechzehn Stunden am Stück, probten wir bis zur körperlichen Erschöpfung. Janet und ich begannen eine Affäre, das erleichterte die Arbeit.

Die Wagner-Zwillinge wollten während der Ferien eigentlich in einer Computerfirma in Süddeutschland arbeiten, so wie in den Jahren zuvor, doch wir konnten sie überreden, die Jobs sausen zu lassen und sich stattdessen mit Haut und Haar dem Theaterprojekt zu widmen – gerade ihr Spiel musste noch ausgebaut werden.

Ich machte mich mit den Methoden von Lee Strasberg vertraut. Die Wagner-Zwillinge mussten als Hausaufgabe im Namen des Lehrers Wessowtschikow eine Beschwerde an die Schulaufsichtsbehörde schreiben, Lily und Janet wiederum schickte ich in die Aldi-Filiale in der Markstraße, um dort jeweils ein Pfund Kaffee zu stehlen. So sollte ein Höchstmaß an Identifikation mit den Rollenfiguren erreicht und die Eindringlichkeit der Darstellung gesteigert werden.

Anfang März erlitten wir einen herben Rückschlag: Lily konnte nicht mehr mitspielen und stieg aus den Proben aus. Schon seit einigen Monaten litt sie an einem rätselhaften Hautausschlag. Er trat zunächst nur an den Händen auf, später auch im Gesicht und am restlichen Körper. Während der Proben verschlechterte sich ihr Zustand zusehends. Sie konnte ihren Juckreiz kaum unterdrücken, hatte chlorrote

Augen und fühlte sich die ganze Zeit über matt und kraftlos. Sie rannte von einem Arzt zum anderen, doch niemand konnte ihr helfen.

»Gott macht genesen, und der Arzt holt die Spesen«, scherzte sie, doch ich spürte die Unruhe und Furcht hinter ihren Worten.

Wir verordneten ihr strenge Bettruhe. Lily wohnte noch bei ihren Eltern, ihre Mutter pflegte sie liebevoll. Lily lag den ganzen Tag über mit ihrem Kater Trotzki im Bett, schaute Tierfilme, las kiloweise Krimis und kam allmählich wieder zu Kräften.

Ich strich Lilys Rollen aus dem Stück, die Inszenierung wurde dadurch noch konzentrierter. Ich verwandelte »Die Mutter« in ein psychologisches Kammerspiel, in eine detektivische Selbstbefragung – mit den Wagner-Zwillingen als personifiziertes Übel.

Dennis litt schrecklich unter Lilys Abwesenheit. Er war ungenießbar, wusste nichts mit sich anzufangen, stand die ganze Zeit über mit verschränkten Armen untätig am Bühnenrand und wartete nur auf Gelegenheiten, um uns seinen Frust ins Gesicht zu schleudern.

»Du inszenierst ›Die Mutter‹ ja als Schwank«, kommentierte er meinen Einfall, eine riesige Handy-Attrappe von Nokia im Hintergrund der Bühne aufzustellen, in die die Mutter das Lob des Kommunismus singen sollte. »Du kannst Gesellschaftskritik doch nicht als Posse aufführen.«

»Hast du es schon vergessen?«, fauchte ich ihn an. »Brecht ist tot, der Kommunismus kaputt und der Kapitalismus unser Schicksal. Ohne Verfremdung geht es nicht. Ich mache Theater von heute.«

»Was du machst ist Kulturkampfkabarett«, giftete er zurück.

Nach diesem Satz verbannte ich ihn von den Proben. Dennis sah ein, dass das für das Projekt das Beste war. Fortan trafen wir uns in seiner Wohnung, um über das Bühnenbild zu sprechen. Ich dachte mir immer neue Aufgaben für ihn aus, und Dennis war dafür dankbar. So sollten über der Bühne Kopeken hängen, die von Szene zu Szene kleiner wurden. Aus Gips modellierte Dennis Dutzende Münzen, die er anschließend mit der Sorgfalt eines Modelleisenbahners bemalte. Jede Kopeke war ein kleines Meisterwerk.

Am Ende der Ferien hatten wir es tatsächlich geschafft: Unsere Inszenierung stand. Ich war mächtig stolz auf das Erreichte. Wir erzählten den globalen Konflikt als optimistische Tragödie und hatten trotz der knappen Zeit und unserer beschränkten Möglichkeiten ein unterhaltsames episches Familiendrama mit einer hinreißenden Hauptdarstellerin auf die Bühne gezaubert. Lily kümmerte sich von zu Hause aus um die Formalitäten und sprach mit Gewerkschaftsfunktionären über Auftrittsmöglichkeiten in Betrieben; ich stellte bereits Texte für die Pressemappe zusammen.

Am Muttertag wollten wir eine Vorstellung für Freunde und Verwandte geben. Ich konnte es kaum erwarten, unsere Inszenierung endlich zu zeigen. Zwei Tage vor der Uraufführung rief mich Lily an.

»Mark, ich muss dir etwas Schreckliches mitteilen«, sagte sie mit Grabesstimme. »Ich habe gerade mit den Brecht-Erben telefoniert. Sie erlauben uns nicht, das Stück aufzuführen.«

»Wieso das?«, brüllte ich in den Hörer. »Sind sie mit meiner Regiearbeit nicht einverstanden? Ich lasse mir von niemandem vorschreiben, was ich wie zu tun habe!«

»Nein, Mark«, antwortete Lily, »darum geht es nicht. Es ist wegen einer anderen ›Mutter‹-Inszenierung. Die soll Anfang Juni hier in Bochum aufgeführt werden, das wird ein Mordsspektakel. Mit großen Namen und einem Riesenaufwand.«

»Was heißt Mordsspektakel?«, sagte ich. »Davon weiß ich ja gar nichts. Und selbst wenn, das eine kann man mit dem anderen doch überhaupt nicht vergleichen.«

»Eben«, antwortete Lily, »das sagen die auch. Die halten zwei Inszenierungen in derselben Stadt für kontraproduktiv. Die sagen, wir sollen lieber Werbung für das andere Stück machen. Sie schicken uns auch so viele Freikarten, wie wir haben wollen. Mark, es tut mir leid.«

Niemand hat unsere »Mutter«-Inszenierung je gesehen. Ich habe mir auch nicht das *Mordsspektakel* angeschaut. Den ganzen Sommer über wurde Reklame für das »Jahrhundertereignis in der Jahrhunderthalle« gemacht, an jeder Wand, an jedem Baum klebten plötzlich Plakate für »DIE MUTTER. *Das Stück – Der Roman – Die Kantate*«. Die Zeitungen waren voll mit Berichten über die Inszenierung. Dreimal pro Woche wurde das Stück aufgeführt, freitags, samstags und sonntags, bis Mitte September. Ich war froh, als die Plakate endlich verschwunden waren.

Janet und ich haben noch mehrmals miteinander geschlafen, im August ging sie nach Hamburg oder Wien, um an einem Schauspielhaus anzuheuern, ich weiß nicht, als was. Die Arbeit an meinem eigenen Theaterstück habe ich nicht fortgesetzt. Wenn ich die Wagner-Zwillinge in der Mensa sah, machte ich einen großen Bogen um sie.

Dennis fand meine Reaktionen übertrieben.

»Du kannst doch froh sein, Mark«, sagte er. »Du gehst einfach nach Hause, schließt die Tür, und dann hat sich die Sache. Ich dagegen werde permanent an die Theatergeschichte erinnert. Mein Zimmer ist voll mit Kopeken, ich muss ›Die Mutter‹ sogar wohnen!«

Und schon bald sollte es in Dennis' Wohnung noch enger und ungemütlicher werden.

4 Wasser

»Mark, was soll ich bloß tun?«, fragte mich Dennis, und seine Stimme klang verzweifelt.

Ich wusste nicht, was ich antworten sollte, denn Dennis legte selbst beiläufige Bemerkungen von mir auf die Goldwaage. Ganz am Anfang unseres Studiums lernte Dennis im »Kulturcafé« ein Mädchen kennen, eine Biologiestudentin. Die zwei verstanden sich prima und trafen sich öfters zum Mittagessen in der Mensa. Nach ein paar Wochen, als Dennis und ich an einer Haltestelle auf die U-Bahn warteten, sagte ich zu ihm, dass ich das Mädchen nett finde und sie mich an seine Mutter erinnere – daraufhin hat Dennis nie mehr mit dem Mädchen gesprochen.

Wir gingen spazieren, den Emscher-Park-Weg entlang, inzwischen waren wir schon im Schlosspark Strünkede. Dennis musste mir haarklein erzählen, was Lilys Arzt gesagt hatte. Ich konnte es einfach nicht glauben.

»So was kommt anscheinend öfters vor«, sagte er. »Der Arzt erzählte auch von einer Frau, die allergisch auf ihren Freund reagierte. Wegen seinem Bartpilz.«

»Aber du hast keinen Bart«, erwiderte ich.

»Ich weiß«, antwortete Dennis und ließ den Kopf hängen.

Es war Lily selbst gewesen, die den Verdacht geäußert

hatte, dass ihre Krankheit etwas mit Dennis zu tun haben könnte. Kurz nachdem die zwei zusammengekommen waren, tauchten bei ihr die ersten Flecken auf. Und dann war es immer schlimmer geworden, mittlerweile hielt sie es keine fünf Minuten mehr in seiner Wohnung aus. Aber sobald sie ihn ein paar Tage nicht traf, ging es ihr besser und die Flecken verschwanden.

»Wahrscheinlich ist es der Staub«, sagte Dennis. »Oder das Betonpulver.«

»Kann man das nicht untersuchen lassen?«, fragte ich.

»Doch«, antwortete er. »Wir haben Proben von meinen Stein- und Betonplastiken genommen. Lily wurde auch auf andere Materialien getestet, auf mein Shampoo und meine Handcreme. Doch die Tests haben nichts gebracht.«

»Das ist doch ein gutes Zeichen«, sagte ich.

»Nein, im Gegenteil«, erklärte er. »Lilys Allergologe glaubt trotzdem, dass ich der Auslöser für ihre Krankheit bin. Und es stimmt auch. Immer wenn ich sie treffe, geht es ihr schlecht. Der Arzt vermutet, dass es nicht das Material ist, das die Allergie auslöst, sondern die Beschaffenheit des Stoffes. Das Pulvrige und Mehlige.«

»Und wenn du dich regelmäßig duschst, bevor du Lily triffst?«, fragte ich.

»Das haben wir auch schon alles ausprobiert«, klagte Dennis. »Duschen, baden, mit Kernseife, ohne Seife. Trotzdem wird Lily krank. Der Arzt sagt, ich solle einfach ein paar Wochen mit der Bildhauerei aufhören. Meine Plastiken aus der Wohnung schaffen, das Werkzeug und die Zementsäcke, und alles von Grund auf reinigen. Aber das kann ich nicht.«

Er blickte traurig in den grau verschmierten Himmel.

»Und was sagt Lily dazu?«, fragte ich und versuchte ihn aufzumuntern. »Ihr müsst euch doch nicht gleich trennen. Ein paar Wochen räumliche Trennung lassen sich doch aushalten, immerhin könnt ihr zwei noch miteinander telefonieren.«

»Nein, das will Lily nicht«, antwortete Dennis. »Sie braucht die körperliche Nähe. Vor mir, als sie in Barcelona studierte, hatte sie eine Fernbeziehung. Sie sagt, das sei die schlimmste Zeit ihres Lebens gewesen.«

In seinen Augen sammelten sich Tränen.

»Sie hat mich vor die Wahl gestellt«, schluchzte er. »Kunst oder Liebe, Lily oder die Bildhauerei. Ich weiß nicht, wie ich mich verhalten soll. Mark, bitte hilf mir! Sag mir, was würdest du an meiner Stelle tun?«

Ich nahm ihn in den Arm. Dennis weinte wie ein Kind. Wir gingen zu einer Parkbank und setzten uns. Über den Teich wallten Nebelschwaden, die Oberfläche des Wassers war von trüben Schlieren durchzogen. Eine einzelne Ente kreiste über den Teich, schnatterte und tauchte ab.

Ich versuchte Dennis zu beruhigen, doch erst nachdem ich ihm meine Antwort gegeben hatte, wurde er still.

5 L_cky D_g

Früher glaubte ich, dass es zwei Arten von Menschen gibt: diejenigen, die nur allein glücklich sein können, und diejenigen, die ihr Glück allein in einer Partnerschaft finden.

Ich selber hatte genug Verwandte und wollte nicht auch noch die meiner Freundin kennenlernen. Ich hasste Einladungen zum Abendessen bei anderen Pärchen. Ich konnte es nicht ausstehen, wenn meine Freundin auf dem Höhepunkt der Party zum Aufbruch drängte oder mich zum wiederholten Male ermahnte, nicht zu viel zu trinken. Oft hätte ich lieber ein Buch gelesen, anstatt mit ihr amerikanische Fernsehserien zu schauen. Wenn wir in einem Café saßen, wäre ich manchmal gern aufgestanden und hätte mich an einen anderen Tisch gesetzt.

Trotzdem befand ich mich seit meiner Volljährigkeit fast ununterbrochen in einer festen Beziehung. Die Übergänge waren fließend. Die Aussicht, morgen keinen Sex zu haben, brachte mich schier um den Verstand. Ich bin, weiß Gott, nicht sexsüchtig – und ich habe mich verändert… Dennoch behauptet Katharina, dass, sollte ihr etwas zustoßen oder wir uns trennen, ich im Handumdrehen mit einer anderen Frau zusammen sein würde. Deshalb stellt sie sich oft im Scherz als meine »amtierende Ehefrau« vor.

Bevor er Lily kennenlernte war Dennis für mich das Vorzeigebeispiel eines Menschen, der auch ohne Partnerschaft glücklich sein kann. Natürlich war auch bei Dennis nicht alles rosig, und ich spürte die Momente, in denen er unter dem Alleinsein litt, in der Weihnachtszeit war es immer ganz besonders schlimm – trotzdem habe ich ihn beneidet. Er wirkte viel freier als ich, in *sich* ruhend, ich selber hatte das Gefühl, ständig Zugeständnisse machen und Rücksicht nehmen zu müssen.

Seine große Unabhängigkeit führte ich auch auf sein starkes Künstlertum zurück. Umso entsetzter war ich, als ich sah, wie lange und wie qualvoll er unter der Trennung von Lily litt. Von wegen *Geliebte* Skulptur und *Gemahlin* Einsamkeit…

Dennis war verzweifelt, untröstlich, voller Weltschmerz, er benahm sich wie ein Teenager. Ich kümmerte mich aufopferungsvoll um ihn und sprach ihm Mut zu – insgeheim fand ich seine Reaktionen jedoch übertrieben. Zudem hatte ich den Eindruck, dass Lily ihre mysteriöse Stauballergie bloß vorschob: Der tatsächliche Trennungsgrund war sein Klammern. Diese Meinung behielt ich allerdings für mich.

Lily und ich haben uns nach der Trennung mehrmals getroffen, um miteinander zu reden – dabei haben wir jedoch kaum über Dennis und das Ende der Beziehung gesprochen. Sie war weder nostalgisch noch sentimental, sondern hatte einen äußerst kühl abwägenden Verstand, das war mir schon bei der Arbeit an dem »Mutter«-Stück aufgefallen. Mich hatte die reine Unternehmungslust in das Projekt getrieben, für Dennis war es eine Herzensangelegenheit, Lily hingegen wollte etwas gegen die herrschende Dummheit tun. Ihr Hang zum Leninismus hatte nichts mit Mitleid für die Armen zu tun, sie meinte es nicht gut mit den Menschen – ihr erschien das Elend der Welt einfach nicht vernünftig.

Wir sprachen viel über wirtschaftliche Dinge, auf uns beide übte die Finanzwelt eine fremdartige Faszination aus. Wer profitierte davon, dass der Preis einer Aktie an einem Tag um die Hälfte fiel und zwei Tage später um mehr als das Dreifache stieg? Es war die Zeit, in der ich als erstes nicht mehr nach dem Kulturteil, sondern nach dem Finanz- und Wirtschaftsteil der Zeitung griff.

»Man muss das Übel kennen, um es zu beseitigen«, dozierte Lily.

Sie hatte sich gerade entschieden, Volkswirtschaft als zweites Nebenfach zu studieren, und wollte das kommende Wintersemester in Paris verbringen – womöglich war das halbe Jahr an der Sorbonne auch der Anlass ihrer Trennung. Lily hatte frühzeitig die Notbremse gezogen, weil sie sich vor der Fernbeziehung fürchtete, dabei hätte Dennis sie bestimmt ohne zu zögern nach Paris begleitet.

Von meinen Treffen mit Lily durfte Dennis nichts erfahren, er hätte mir Verrat vorgeworfen: Sie war *seine* Lily, und wenn er keinen Kontakt mehr zu ihr haben durfte, dann durfte ich es auch nicht. Diese Sichtweise fand ich kindisch, aber zum Schein hielt ich mich an die Spielregel. Ich wollte Dennis nicht noch trauriger machen, es war so schon schlimm genug.

Der Sommer war total verregnet, das Wetter spielte verrückt. Schon im März war der Sommer ausgebrochen, und im April waren die Frauen im Minirock und mit dünnen Blusen durch die Straßen gelaufen, doch wir hatten von den Wonnemonaten nichts mitbekommen, weil wir die Tage damit zugebracht hatten, in der Studiobühne zu hocken und die Revolution zu proben. Ab Juni jagte dann ein Tiefdruckgebiet das andere, in der Wohnung von Dennis war es kalt, dunkel und feucht – dementsprechend finster war sein Gemüt. An Bildhauerei war nicht zu denken. Eines Tages fand ich einen Stapel »Wachtürme« auf seinem Klo.

»Wo kommen die denn her?«, stellte ich Dennis zur Rede.

»Die hab ich geschenkt bekommen«, antwortete er. »Von Ferdinand. Der war schon dreimal hier. Das letzte Mal blieb er bis zum Abend.«

»Sag mal, ist der Mann Zeuge?«

»Wahrscheinlich. Ihm gefällt das kaputte Knie Gottes. Wir lesen zusammen in der Bibel.«

Nach dieser Entdeckung machte ich mir ernsthafte Sorgen um meinen Freund und fuhr so oft ich konnte nach Wattenscheid. Und so war ich auch bei ihm, als es eines Nachmittags an seiner Wohnungstür klingelte – ich hatte mir gerade einen Joint angezündet, bestes Gras, die Nähe zu den Niederlanden habe ich seinerzeit am Ruhrgebiet am meisten geschätzt. Dennis sprang auf, lief in den Flur und schloss hinter sich die Tür. Kurze Zeit später kam er mit einem großen Korb mit Blumen und drei anmutig verpackten Dosen Hundefutter in das Zimmer zurück.

»Was ist das denn?«, rief ich überrascht.

»Keine Ahnung«, antwortete Dennis. »Den Korb hat mir gerade ein Kurier in die Hände gedrückt.«

»Da liegt ein Brief bei.«

Dennis stellte den Korb auf der Spüle ab, nahm den Brief aus dem Umschlag und las ihn vor: »Lieber Hundefreund, herzlichen Glückwunsch, Sie haben gewonnen. Lucky Dog verzückt und macht jeden Hund verrückt. Wir wünschen Ihren Hunden guten Appetit mit eintausend Dosen Lucky Dog in den neuen Geschmacksrichtungen Wild und Pute, große Brocken mit Lamm und Reis und Rind-Royal-Diät-Getreideflocken.«

»Eintausend Dosen? Die haben sich wohl verschrieben«, mutmaßte ich.

»Hoffentlich«, antwortete Dennis. »Der Kurier sagte, der Rest steht in der Einfahrt.«

In diesem Moment klingelte es zum zweiten Mal an der Wohnungstür – und an dem wilden, ungestümen Schellen konnte man bereits erkennen, dass es nichts Gutes verhieß. Und wahrhaftig! Die Frese, Dennis' aufdringliche und boshafte Nachbarin hatte die Klingel betätigt. Mein Joint brannte noch … Dennis eilte in den Flur und schloss hinter sich die Tür, trotzdem konnte ich jedes Wort der Frese verstehen.

»Gehören Ihnen die Sachen auf der Straße? Das ist ungeheuerlich, die verschandeln ja die ganze Gegend! Was bilden Sie sich bloß ein! Erst hämmern Sie von mittags bis abends, dann schreit Ihre Bekannte nachts das ganze Haus zusammen. Und ich hab Sie immer für schwul gehalten!

Was stehen Sie hier noch rum? Los, rabotti, schaffen Sie das Zeug von der Straße!«

Die Frese war schlimmer als die Pest, sie durchsuchte sogar die Mülltonnen. Eines Tages hatte sie Dennis im Hausflur aufgelauert, war wie eine Raubspinne aus ihrem Versteck gehüpft und hatte gerufen: »Sie trinken aber viel Tee!« Es war wohl nett gemeint gewesen.

Ich musste Dennis beistehen, drückte den Joint aus, stand auf und öffnete die Tür.

»Ach, Sie!«, begrüßte mich die Hexe. »Das hätte ich mir gleich denken können! Wenn Sie das nächste Mal kommen, treten Sie sich gefälligst die Schuhe ab! Wozu haben wir denn Fußmatten?«

Dennis und ich gingen hinaus auf die Straße, begleitet von der Frese, die uns in einem fort beschimpfte. Als wir die Bescherung vor der Tür sahen, mochten wir unseren Augen kaum trauen: In der schmalen Einfahrt zum Garagenhof standen tatsächlich zwei Holzpaletten mit jeweils fünf Lagen à zehn mal zehn Dosen Hundefutter!

»Wie heißt es?«, gratulierte ich Dennis. »Glück im Spiel, Pech in der –«

»Mark, spinnst du! Ich mach doch nicht bei Gewinnspielen mit. Das muss eine Verwechslung sein«, rief Dennis aufgebracht.

»Oder ein Streich mit der versteckten Kamera«, vermutete ich.

Allerdings konnte ich kein verräterisches Kameraversteck entdecken. Dennis zitterte vor Aufregung.

»Hauptsache, du hast nichts unterschrieben«, beruhigte ich ihn.

»Doch, das hier.« Aus der Hosentasche zog Dennis den Durchschlag eines Lieferscheins und reichte ihn mir.

Auf dem Lieferschein standen einwandfrei sein Name und seine Adresse. Während sich Dennis von der Frese weiter beschimpfen ließ, ging ich zurück in die Wohnung und rief die auf dem Lieferschein angegebene Telefonnummer der Spedition an – Dennis war zu geschockt, um etwas zu unternehmen.

Am anderen Ende der Leitung meldete sich eine freundliche Männerstimme, der ich den Sachverhalt schilderte. Nach einer kurzen Wartepause erklärte mir der Mitarbeiter, dass eine Verwechslung seitens der Spedition ausgeschlossen sei, die Auslieferung ordnungsgemäß bis zur Haustür erfolgt sei und, wie die Rücksprache mit dem Zusteller soeben ergeben habe, der Belieferte, Herr Dennis Kirchner, die Auslieferung per Unterschrift rechtskräftig bestätigt habe. Alles Weitere sollen wir direkt mit dem Absender der Lieferung klären, in diesem Fall der Lucky Dog Co. Ltd. Inc. mit Sitz in London.

Ein leichter Regen setzte ein, Dennis und die Frese suchten Schutz im Haus. Als nächstes rief ich die auf der Gewinnmitteilung angegebene Gratis-Rufnummer des Herstellers an und war kurze Zeit später in einer Telefonwarteschleife gefangen. Eine verführerische Frauenstimme hauchte in mein linkes Ohr zu einer Kindergartenmelodie alle zwanzig Sekunden »Lucky Dog verzückt und macht jeden Hund verrückt«, in mein rechtes Ohr dauerfeuerte die Frese ihre Schimpfkanonade. Erst wenn die letzte Dose von der Straße verschwunden sei, würde auch sie verschwinden.

Das war akustische Folter, Gehirnwäsche der qualvollsten Art! So verstrichen eine Minute, fünf Minuten, fünfundzwanzig Minuten… Nach einer halben Stunde war mein Wille gebrochen, und ich hätte jedes Schuldeingeständnis der Welt unterschrieben. Ich legte auf.

Ein weiterer Nachbar war inzwischen zu uns gestoßen, Herr Barkowski aus dem dritten Stock. Er arbeitete in der Verwaltung der Grugahalle in Essen und wollte sein Auto in der Garage abstellen, ein BMW-Cabriolet, das er in den Vereinsfarben des FC Schalke 04 hatte lackieren lassen – doch die Paletten versperrten die Einfahrt.

Er forderte mich auf, der Frese den Hörer zu geben, damit sie die Polizei verständigen könne. Dennis und ich schauten uns an. Es gab nur noch einen Ausweg: Wir mussten die Dosen ins Haus schaffen.

Der Keller schied als Lagerstätte aus. Dennis hatte panische Angst vor Spinnen und Insekten, er besaß noch nicht einmal einen Schlüssel zu den Kellerräumen. Viele Stunden hatten wir schon nächtens darüber diskutiert, was mit Spinnen passierte, die man mit dem Staubsauger einsaugt. Ob die Tiere vom Luftsog zerrissen werden oder in der Hitze schmelzen, ob sie im Inneren des Staubsaugerbeutels überleben, vielleicht sogar wieder hinauskriechen können? Dennis war der Ansicht, dass dies von Staubsaugermodell zu Staubsaugermodell verschieden sei.

Also schafften wir die Dosen in Dennis' Wohnung. Ich ging hinaus auf die Straße und trug die einzelnen Kartons zu seinem Küchenfenster – er stand drinnen, nahm sie entgegen und verteilte die Dosen in der Wohnung. Zum Glück wohnte er im Erdgeschoss.

Der Regen war inzwischen stärker geworden, doch das war nicht das Schlimmste an meiner Tätigkeit. Viel unangenehmer war der Umstand, dass die Paletten direkt unter dem Wohnzimmerfenster der Frese standen, die es sich mit einem Kissen und einem Regenschirm in dem Fenster gemütlich gemacht hatte und jede meiner Bewegungen kommentierte. Sie verspottete meine Frisur, höhnte über meine dünnen Arme, nannte mich einen Schwächling, beschwerte sich über das Schneckentempo und ekelte sich vor meinen gelben Fingern. Eine einzige Dose mehr – und ich hätte die Frese zerstückelt wie ein Serienmörder. Und ich bin sicher, dass mich jedes Gericht der Welt freigesprochen hätte.

Die Stapel in der Einfahrt wollten zunächst nicht kleiner werden. Als ich die erste Palette abgetragen hatte, hätte man einen Knoten in meine Arme binden können. Bei der zweiten Palette ging es dann etwas besser. Über fünfzigmal musste ich hin- und herrennen, nach knapp zwei Stunden und drei Zigarettenpausen war die Einfahrt endlich frei geräumt. Am Anfang war ich fest davon überzeugt, die schrecklichere der beiden Aufgaben übernommen zu haben, doch von Gang zu Gang wurde es für Dennis schwieriger, die Dosen in der Wohnung zu verteilen.

Dennis' Wohnung sah am Ende aus wie die Fieberfantasie eines Hundes … Die Dosenstapel reichten bis zur Decke. Wohin man auch schaute, immer blickten einen die beiden hechelnden Collies von den »Lucky Dog«-Etiketten an. Dosen standen im Backofen, türmten sich auf der Fensterbank und lagen in der Duschtasse. Weder die Fenster noch der Kühlschrank ließen sich mehr öffnen, es war so eng wie in einem Raumschiff. Sogar die Betonplastiken und die Kopeken der »Mutter«-Inszenierung stachen jetzt nicht mehr ins Auge.

Als ich später am Abend in mein Bett fiel, waren meine Arme so weich wie Weingummi – ich hatte keine Kraft mehr, um mich zuzudecken. Zum Glück wartete am nächsten Tag eine süße Belohnung auf mich: Der Ausflug mit Nicola nach Hattingen. Eine Woche lang *ficken, fressen, fernsehen*, wie man so schön sagt.

Ich hatte Nicola im »Zwischenfall« kennengelernt, meiner Lieblingsdisco, obwohl ich die Musik, die dort gespielt wurde, überhaupt nicht mochte. Allerdings gefiel mir das Erscheinungsbild der Grufties – nicht so sehr das Morbide, Bleiche und Schockierende, sondern das Verruchte, Burleske, die strapsverhüllten Beine und die engen Korsagen mit den luftigen Gebirgskuppen und den Freude spendenden Tälern: Anblicke, bei denen ich mich stets in ein Kind zurückverwandle und den Wunsch verspüre, das wellige Gelände mit einem Spielzeugauto abzufahren.

Nicola war allerdings eher flachbrüstig, sie hatte eine Ponyfrisur, wässrige Augen und trug ihr langes, glattes, tizianrotes Haar bis zum Po. Insgesamt war sie eine mädchenhafte Erscheinung ohne viel Make-up, wahrscheinlich war sie mir deshalb in der Diskothek auch aufgefallen – und ich ihr. Wir waren so auffällig wie zwei Pauschaltouristen aus Bottrop in einem afrikanischen SOS-Kinderdorf.

Nicola und ich hatten uns am Abend immer wieder angeschaut und zugelächelt, am frühen Morgen dann gingen wir wortlos aufeinander zu, umarmten und küssten uns am Rand der Tanzfläche lange und gierig. Küssend verließen wir kurz darauf die Disco und zwängten uns auf die Rückbank des Polos meiner Mutter. Wir hatten Sex, die Sonne war bereits aufgegangen, und es hatte zwischendurch mehrfach an der Fensterscheibe geklopft, bevor wir das erste Mal miteinander sprachen.

»Hallo, ich heiße Nicola.«

»Und ich Mark.«

Es war wie in einer schlechten Vorabendserie, meine Frau hält diese Geschichte übrigens für erfunden.

Nicola ging noch zur Schule. Ihre Eltern waren geschieden, sie wohnte bei ihrer Mutter in Witten, ihr Vater war Architekt und bewohnte mit seiner zweiten Frau ein extravagantes, hypermodernes Haus mit Sauna und Whirlpool mitten im Wald. Das Haus hatte blaue Mauern, das Dach war komplett aus Glas, und durch das Wohnzimmer floss ein künstlicher Bach. Ich fand es idyllisch und unheimlich zugleich.

Nicola durfte eine Woche das Haus hüten und hatte mich eingeladen, sie zu begleiten. Wir kauften groß ein, Süßigkeiten und Alkohol, vormittags war ich auch noch in Holland gewesen. Nicola hatte ihre Staffelei und ihre Malutensilien eingepackt. Sie wollte mich malen, während ich sie bedichte, so hatte sie es sich zumindest vorgestellt.

Nicolas Bilder waren scheußlich. Im Hintergrund Lavalampenoptik, vorn Symbolkitsch: tropfende Kerzen, Tauben in Käfigen, Sonnen, Schlangen, Äpfel... Nicola wollte nach ihrem Abitur Malerei studieren, und ich gab mir viel Mühe, etwas Positives über ihre Bilder zu sagen, aber alle meine Äußerungen verletzten sie.

Ich erzählte Nicola von Dennis und dem Dosenhaufen, den ich am Tag zuvor hatte abtragen müssen – daraufhin wollte sie unbedingt, dass ich ihr nach unserer Rückkehr Dennis vorstellte, einen echten Bildhauer, man könnte sich doch zu dritt austauschen und vielleicht eine Künstlergruppe gründen... Eine Künstlergruppe! Eher hätte ich mich wie Rumpelstilzchen zerrissen.

Nicola und ich verbrachten ein paar schöne Tage miteinander, sie war eine saftige Orange, aus der ich jeden Tropfen presste. Erholt und erschöpft zugleich kehrte ich nach Bochum zurück. Am anderen Morgen fuhr ich nach Wattenscheid – ich war neugierig, wie Dennis sich der Dosen entledigt hatte. Am Hauptbahnhof kaufte ich bei der Bäckerei im Untergeschoss frische Brötchen und erreichte seine Wohnung um kurz vor zehn. Die Haustür stand offen, ich ging hinein und klingelte an der Wohnungstür.

Im selben Moment drang aus dem Innern der Wohnung ein fürchterliches Höllengebell, es schepperte und krachte, eine leise, menschliche Stimme mischte sich in den Lärm, es war die von Dennis. Die Tür öffnete sich, und durch den Spalt schossen zwei riesige, kräftige und stark bemuskelte Hunde auf mich zu, zwei Rottweiler-Schäferhund-Mischlinge mit mächtigen Kiefern und spitzen, langen Zähnen. Die Hunde wedelten mit den Schwänzen, die mich wie Peitschenhiebe trafen. Sie sprangen an mir hoch, ich taumelte zurück, fast wäre ich umgefallen.

Dennis erschien in der Tür. »Lucky, Dog, aus! Los rein mit euch! Entschuldige, Mark, wenn dich meine Hunde erschreckt haben.«

Die Viecher ließen von mir ab und galoppierten zurück in die Wohnung. Mein Herz schlug wie wild, ich bin ein Katzenfreund und mag keine Hunde – und hatte das Gleiche auch von Dennis angenommen.

»Deine Hunde?«, fragte ich ungläubig.

»Ja, seit vorgestern«, antwortete er. »Komm doch rein, ich war grad erst mit den beiden draußen. Die zwei halten mich ganz schön auf Trab. Du kannst dir nicht vorstellen, wie oft ich beim Gassi gehen schon angesprochen wurde. Plötzlich sind alle Leute furchtbar nett zu mir.«

»Wahrscheinlich haben sie Angst«, vermutete ich.

»Unsinn«, sagte Dennis. »Die Hunde sind total lieb. Lucky kann sogar Pfötchen geben. Ich werd es dir zeigen.«

Die Vorführung klappte nicht.

»Du hast die Hunde Lucky und Dog getauft?«, fragte ich nach.

»Ja«, antwortete Dennis. »Eigentlich heißen sie Udo und

Richard, aber Lucky und Dog finde ich passender. Sag mal, willst du nicht reinkommen?«

Zögernd und mit erhobenen Händen betrat ich die Wohnung, drinnen herrschte ein noch heilloseres Durcheinander als sonst. Ich watete durch ein Meer aus am Boden liegenden Blechdosen, die Hunde umkreisten mich, ich fühlte mich so sicher wie in einem Haifischbecken. Dennis erzählte unterdessen von seinen verzweifelten Versuchen, die Dosen loszuwerden.

Erst wollte er sie in den Müll werfen, aber die Frese durchsuchte ja regelmäßig die Mülltonnen und hätte das niemals zugelassen. Als nächstes wollte er die Dosen verschenken, er sprach Hundebesitzer auf der Straße an, doch keiner wollte die Dosen haben, denn niemand hatte bislang etwas von »Lucky Dog« gehört – und wenn, dann nur Schlechtes.

»Das ist doch pervers«, schüttelte Dennis den Kopf. »Die Menschen essen jeden Scheiß, sie geben ihren Kindern sogar Fischstäbchen zu essen, aber für ihre Hunde ist ihnen Lucky Dog nicht fein genug.«

Dennis wollte daraufhin eine Anzeige in der Verschenkspalte einer Zeitung aufgeben, doch die Angestellte in der Inseratenabteilung klärte ihn darüber auf, dass man keine Lebensmittel mit Hilfe der Zeitung veräußern dürfe – das untersage das Gesundheitsamt. Danach fragte er seinen Chef in der Geflügelfabrik, ob man den Doseninhalt nicht den Geflügelabfällen beimischen könne, die angeblich an Schweine verfüttert werden. Der Chef lehnte das zähneknirschend ab, weil ein Teil der Abfälle, wie er zugab, noch weiterverarbeitet werde, zu Brühwurst und Geflügelpasteten.

Am Ende entschloss sich Dennis zum Selbstversuch. Und obwohl er sich viel Mühe mit der Zubereitung gab, war das Ergebnis ungenießbar. Die Wohnung stank jetzt noch, obwohl er das Essen mitsamt der Pfanne vor Tagen in die Mülltonne geworfen hatte.

»Und deshalb hast du dir die beiden Köter zugelegt?«, fragte ich.

»Richtig«, antwortete mein Freund. »Was blieb mir anderes übrig? Ich war beim Tierheim und hab mir die beiden größten Hunde ausgesucht. Und sie sind wirklich wunderbar. Dog hat gestern ganz allein vier Dosen aufgefuttert. Wenn die in dem Tempo weiterfressen, sind die Dosen in einem halben Jahr weg, und ich kann die Tiere einschläfern lassen.«

Dennis kraulte Lucky oder Dog, während Dog oder Lucky vor mir saß und die Brötchentüte in meiner Hand nicht aus dem Auge ließ.

6 Das kaputte Knie Gottes

Dennis und ich trafen uns damals oft in der Eisdiele am Anfang der Bochumer Fußgängerzone, direkt gegenüber dem Hauptbahnhof, mit den Aluminiumstühlen vor der Tür und der scheußlichen Volkshochschulkurskunst an den Wänden. Erik, ein ehemaliger Klassenkamerad, kellnerte dort. Er spielte Bassgitarre in verschiedenen Punkrockbands, die alle noch keinen Tonträger veröffentlicht hatten, und spendierte uns regelmäßig zwei große Becher Spaghettieis.

Erik hielt sich für eine Art Universalgenie, für einen Leonardo da Vinci des *Pop-Potts*, wie er das Ruhrgebiet oft nannte. Im Eigenverlag hatte er zwei kopierte Bände mit autobiographischen Gedichten veröffentlicht, in Zeilen zerhackte Prosa: »Der süße Duft der Onanie« und »Hunde die bellen, scheißen auch«.

Erik zeichnete Kugelschreibermonster auf Rechenkästchenpapier, fotografierte Tierkadaver in Industrieruinen, drehte mit seiner gesichtstätowierten Freundin Splatter-Kurzfilme und machte Aktionskunst im Geiste einer amerikanischen Fernsehshow, in der sich Stuntmänner mit Elektroschockpistolen beschossen, auf Dreirädern Abhänge runterjagten oder mit Taucheranzügen in Jauchebecken sprangen. Zu Karneval hatte er sich einmal als SS-Mann verkleidet und war Rosenmontag so durch die Düsseldorfer Innenstadt gelaufen. Bon Scott und Angus Young haben ihn wahrscheinlich mehr geprägt als seine Eltern.

Eriks Hauptwerk bestand jedoch darin, in allen Mc-Donald's-Filialen, die er besuchte, jeweils ein Plastiktablett in den dortigen Mülleimer zu versenken. Über einhundertzwanzig Servierbretter waren so bereits durch seine Hände auf die Abfallberge gelangt. Erik protokollierte jede »Entsorgung« in einem eigens dafür angeschafften Notizbuch mit einem grinsenden Pferdekopf auf dem Cover. Immer wieder ließ ich mich in alberne, nervtötende Diskussionen mit ihm verwickeln.

»Mark«, rief er dann und schlug seine Faust an die Brust, »wenn mich meine Enkel eines Tages fragen werden, was ich seinerzeit gegen die sich ausbreitende Essdiktatur unternommen habe, dann stehe ich auf und verkünde stolz: Ich habe damals ein Zeichen gesetzt und in allen deutschen McDonald's-Läden ein Tablett in den Müll geschmissen! Das nenne ich wahrhaft passiven Widerstand, solche Aktionen erfordern mehr Zivilcourage als das Schreiben eines Romans.«

»Ja, ja«, antwortete ich, »wären mehr Menschen in der Weimarer Republik so entschlossen und mutig wie du gewesen, dann hätte es Hitler und die NS-Diktatur nie gegeben.«

Dennis hatte Spaß an unseren Auseinandersetzungen und goss gern Öl ins Feuer. So siedelte er Eriks Aktionen als eine Kunst irgendwo zwischen Fluxus und Food Art an.

»Und vergiss nicht, Mark, auch die Presse hat schon mehrfach über Eriks Artistik berichtet«, sagte er zum Beispiel. »Vielleicht ist die Bildhauerei ja längst untergegangen? Über meine Arbeit hat jedenfalls noch niemand eine Zeile geschrieben. Und über deine auch nicht.«

»Yeah«, rief Erik. »Performance rules!«

»Rules are for fools«, zischte ich zurück. Ich hatte noch nie Vergnügen bei Juxdebatten empfunden – dafür rege ich mich viel zu leicht auf.

Allein darin, dass wir drei keinen finanziellen Erlös aus unserem kreativen Schaffen erzielten, waren wir uns lange Zeit ähnlich. Zwar hatte Dennis schon mehrere Anläufe unternommen, Kunsthändler in Düsseldorf und Köln für seine Arbeiten zu begeistern, aber alle Galeristen reagierten beim Stichwort »Bildhauerei« zögernd und zurückhaltend – und sobald Dennis erwähnte, dass seine Plastiken überdies äußerst groß und schwer und aus Beton seien, winkten sie erschrocken ab. Interesse bestünde überhaupt nur an kleinen, leichten Plastiken für den Schreibtisch oder die Fensterbank.

»Nur ganz wenige Galerien stellen überhaupt Skulpturen aus«, seufzte Dennis. »Und von denen sehen die größeren alle aus wie die Außerirdischen in ›Krieg der Welten‹: dicke Kugeln auf langen, dünnen Stelzen. Es könnten auch Deckenfluter sein.«

Die Idee, die vieles verändern sollte, stammte ausgerechnet von Erik.

»Dennis, hast du schon mal überlegt, in einem Stadtmagazin zu inserieren?«, begrüßte er uns eines Nachmittags und stellte zwei Eisbecher auf unserem Tisch ab. »Du könntest doch eine Kunstkontaktanzeige aufgeben. Das ist gar nicht teuer.«

»Eine Kunstkontaktanzeige?«, wiederholte ich und verdrehte dabei die Augen. »In einem Stadtmagazin?«

»Klaro«, antwortete Erik. »Betonfuß abzugeben, Käufer gesucht. Darauf melden sich bestimmt ein paar Leute. So bin ich auch meinen Futon losgeworden.«

Zwei alte Damen winkten Erik herbei, sie wollten zahlen. Er lief zu ihnen. Ich sah, wie es in Dennis' Kopf arbeitete – mehrere Minuten lang war er nicht ansprechbar. Dann war die Entscheidung getroffen.

»Probieren geht über Studieren. Ich mache es.«

Trotz meiner Skepsis half ich mit, den Anzeigentext zu formulieren, der zwei Wochen später im Kleinanzeigenmarkt vom »Coolibri« erschien:

Kunstinteressiert? Jg. Bildhauer verkauft kostengünst., monument., realist. Plastiken (Arme, Beine, sonst. Gliedmaßen). Auch Auftragsarbeiten. Tel. 02327/87939

Nach dem Erscheinen der Anzeige war Dennis furchtbar aufgeregt. Er konnte weder schlafen noch essen und schwitzte alle zwei Stunden ein Hemd durch. Er nahm eine zweiwöchige, unbezahlte Auszeit in der Geflügelfabrik und verließ seine Wohnung nur noch, um mit Lucky und Dog

Gassi zu gehen – die Runden wurden von Tag zu Tag kürzer. Unentwegt starrte er auf das Telefon, lief alle fünf Minuten zum Apparat und überzeugte sich, dass der Hörer ordnungsgemäß auf der Gabel ruhte.

Wenn ich ihn in dieser Zeit anrief, meldete er sich mit kräftiger, felsenfester Stimme. Doch sobald ich etwas sagte und mich zu erkennen gab, fiel seine Stimme in sich zusammen wie ein Kartenhaus. Nie habe ich später eine größere Enttäuschung auf die Entdeckung meiner Person erfahren.

Bevor Dennis wieder anfing, in der Fabrik zu arbeiten, bat er mich, ihm meinen Anrufbeantworter auszuleihen und in seiner Wohnung einzurichten. Als ich den Apparat nach ein paar Wochen zurückbekam, befand sich nur eine Nachricht darauf: »*Hallo? Dennis? Bist du das? Wie geht es dir? Hier ist Mama.*« Im Hintergrund hörte man Dennis' Vater rufen: »*Leg auf, Christel!*« Klack. Wäre Dennis in einer anderen Familie aufgewachsen, wäre er in allem gewiss viel sicherer gewesen.

Ansonsten rief niemand an. Inzwischen waren schon zwei weitere »Coolibri«-Ausgaben erschienen, und Dennis hatte das Geld für die Anzeige längst in der Gehirnschublade »Ärgerliche Ausgaben inklusive Lotto« verbucht, als doch noch das Telefon läutete.

»Kirchner.«

»Jau, samma«, meldete sich eine herbe Männerstimme mit derbem Ruhrpott-Akzent, »bisse der Bildhaua mit der Anzeige?«

Die Stimme war Dennis unbekannt.

»Hallo, bisse noch dran?«

»Mm.« Dennis war verschnupft und reagierte deshalb noch langsamer als sonst.

»Also bisse nun der Bildhaua mit der Anzeige?«

»Die Anzeige in ›Coolibri‹?«

»Nö, die aus Häppie Wiekänd, Tittenficka gesucht«, antwortete der Mann. »Natürlich mein ich die Anzeige aus Kohlibri. Also wat is?«

»Ja, das bin ich.«

»Hamma!«

Der Mann erklärte, dass er an einer Plastik interessiert sei und sich deshalb Dennis' Arbeiten gern anschauen würde. Dennis nannte ihm seine Adresse, und die beiden verabredeten noch für denselben Nachmittag ein Treffen. Anschließend rief Dennis mich an und bat mich, sogleich zu ihm zu kommen, die Sache erschien ihm irgendwie unheimlich.

Ich war gerade erst von einem Bücherstreifzug aus der Stadt zurückgekehrt und hatte noch die Jacke an. Bestimmt zwei Stunden lang hatte ich zahllose Bücherkisten im »Ubu«-Antiquariat durchstöbert – es war eine fruchtlose Arbeit, die Bücher waren entweder vergammelt oder viel zu teuer ... Trotzdem machte ich mich sogleich auf den Weg und fuhr nach Wattenscheid. Kurz nach meiner Ankunft klingelte es an Dennis' Tür. Dennis hatte mich gewarnt, aber trotz seiner schillernden Beschreibung erwartete ich einen schrulligen, jedoch tadellos gekleideten blaublütigen Herrn im Dreiteiler mit Einstecktuch, Perlmuttmanschettenknöpfen und Schmiss. Doch stattdessen stampfte ein kleiner, stämmiger, stark verschwitzter Kerl im mausgrauen Overall mit Halbglatze und Bierfahne in den Raum.

»Hei, sorri, dat mit dem Dräss«, begrüßte er uns, »aba komm grad erst vonna Baustelle. Drüben, anna Herna Straße. Ham da nen Altbau auf Vordamann zu bringen. Wo kann ich maa schiffen?«

Lucky und Dog, die mich zur Begrüßung mit gefletschten Zähnen angefallen hatten, versteckten sich hinter dem Gottesknie und gaben keinen Mucks von sich. Starr wie ein Playmobilmännchen zeigte Dennis auf die Klotür, hinter der der Mann verschwand. Wir schauten uns entsetzt an; aus der Toilette drang ein extrem in die Länge gezogenes, vokalfreies Stöhnen.

»Hhhhhhhhhhhhhhhhhhhhhhhhh.«

Die Klotür öffnete sich wieder. Der Mann lief zum Fenster, nahm mit einem Hüpfer auf der Fensterbank Platz und zündete sich eine Zigarette an.

»Möchten Sie vielleicht etwas trinken?«, fragte Dennis. »Ich könnte uns einen Tee machen? Grün oder schwarz?«

»Danke, hab selber«, antwortete der Mann, zog einen Flachmann aus der Hosentasche und nahm einen tiefen Schluck.

»Bah, tut dat gut! Wat issen mit dir los?«, fragte er Dennis. »Bis ja ganz rot umme Nase.«

»Ich bin erkältet«, erklärte Dennis. »Sie wissen ja, hier ist das ganze Jahr Schnupfenwetter.«

»Musse Fotze lecken«, antwortete der Mann. »Hilft imma.«

Obwohl mir meine Großmutter viele Hausrezepte mit auf den Lebensweg gegeben hatte, war mir dieser Ratschlag neu.

»Ich bin der Jupp«, sagte der Mann.

»Äh, hallo Jupp. Ich heiße Dennis. Und das hier ist mein Freund Mark, äh, er ist Schriftsteller.«

Ich streckte Jupp die Hand hin, doch er ignorierte sie.

»Seid ihr zwei Schwuletten?«, fragte Jupp.

»Ich nicht«, antwortete ich wie aus der Pistole geschossen.

»Ich auch nicht«, fügte Dennis hinzu. Jupp sah nicht so aus, als ob er unseren Worten Glauben schenkte.

»Drauf geschissen«, erklärte er. »Und dat hier is die Kunst?« Eines seiner baumelnden Beine tippte gegen das Gottesknie.

»Genau«, sagte Dennis. »Bitte ignorieren Sie die Dosen.«

Zwei Plastiken befanden sich zu jener Zeit in Dennis' Wohnung: zum einen »Das kaputte Knie Gottes«, zum anderen seine neue, soeben vollendete Arbeit »Rücken mit Muttermal«. Darin verarbeitete Dennis unsere missglückte Theaterinszenierung und seine Trennung von Lily. Dennis hatte mir erklärt, dass das Wort »Muttermal« aus dem Mittelalter stamme und man seinerzeit annahm, die Male seien auf die unbefriedigten Gelüste von Schwangeren zurückzuführen. Dennis las wenig – trotzdem verblüffte er mich immer wieder mit seinem entlegenen Wissen. Er schaue einfach nur die richtigen Fernsehsendungen, behauptete er.

Jupp schien sich von Anfang an nur für »Das kaputte Knie Gottes« zu interessieren.

»Junge, dat Teil gefällt mir, sieht spitze aus, echt«, lobte Jupp die Arbeit. »Weisse, Bildhauerei is ja die Königsdisziplin der Künste. Bei allem andern kannse tricksen, nur nich bei ner Skulptur. Die packse an un weiß sofort, Mann, dat issen Arsch oda nich.«

Dennis und ich nickten.

»Ich bau grad den Hobbykella aus«, erzählte Jupp. »Und ich will da ne Statue reinstellen. Nix Abstraktes, dat kann ja jeda. Nee, wat richtich Dolles, Realistisches! Aba keine Schaufenstapuppen von Hänzen.«

»Wirklich?« Dennis lächelte. »Dann bietet sich diese Arbeit tatsächlich an«, sagte er. »Übrigens spielt sie auf Thomas von Aquin an.«

»Ach nee, auf die Gottesbeweise?«, antwortete Jupp. »Verstehe. Bin ja eigentlich evangelisch, aba Thommie issen toften Kerl.«

Dennis taute langsam auf, und zwischen den beiden entwickelte sich ein angeregtes Gespräch. Die meisten Leute, mit denen man sich über Bildhauerei unterhält, kennen ja gerade einmal die Freiheitsstatue in New York – Jupp aber schien mit den Werken der bedeutendsten Bildhauer seit der Antike aufgewachsen zu sein. Sein Kunstsinn und seine Urteile beeindruckten mich, ich hatte ihn vollkommen falsch eingeschätzt.

»Kumma, der Düschamps hat doch alles ins Chaos gebracht«, erzählte er. »Jeda Kerl, der nen Meißel halten konnte, kloppte auf einmal auf Steinen rum. Und inne Museen steht der ganze Plunda. Nee, für mich muss Kunst Natur widerspiegeln. Ich mach Formen, die ich anfassen kann. Wenn meine Köttel an dem Knie hochkrabbeln, dann darf et nicht umfallen. Dat Ding gefällt mir, da kannze nix gegen sagen. Wenn dun Knie meißelst, dann musset auch aussehen wien Knie. Und dat tut et.«

»Danke schön«, antwortete Dennis verlegen. »Ich habe auch lange daran gearbeitet.«

»Weisse Bescheid«, sagte Jupp. »Dat meiste is doch heutzutage Murks und Kappes. Klodell war die letzte Kanone ihres Fachs. Hätte se dem Rodeng nich ständich am Pimmel rumgelutscht, wäre sie richtich groß rausgekommen. Dafür war doch der Rilke zuständig. Schon mal was von Klodells Bruder gelesen?«

Jupp zeigte mit dem Finger auf mich.

»Nein, leider nicht«, sagte ich und schüttelte den Kopf.

»Fehla! Solltest du dir mal reinziehen«, meinte Jupp. »›Där seidene Schuh‹ issen Monsterbuch.«

Dann wandte sich Jupp wieder Dennis zu.

»Sach mal, wat soll dat Teil denn kosten?«

Ich sah es ihm an: Dennis stand kurz davor, Jupp das Knie zu schenken. Noch nie hatte er sich Gedanken über Preise gemacht – es war bislang auch ein vollkommen überflüssiger Gedanke gewesen.

»Weisse wat«, sagte Jupp, »ich gib dir zweitausend Kröten, und die Sache is gebongt.«

ZWEITAUSEND KRÖTEN … Mit einem Mal schien alles

Blut aus Dennis Kopf gewichen zu sein. ZWEITAUSEND KRÖTEN! Für diese Summe hätte ihm Dennis ein maßstabgetreues Abbild des Hermanndenkmals gemeißelt.

Sprachlos willigte Dennis ein.

»Kunst verstehn heißt sie kaufen«, lachte Jupp und zwinkerte mir zu.

Er zog ein Bündel mit Geldscheinen aus der Hosentasche, zählte die Summe ab und drückte Dennis die Scheine in die Hand. Anschließend zeigte er uns Fotos von seiner Familie und dem Hobbykeller. Ursprünglich wollte Jupp auch Bildhauer werden, doch nach der Mittleren Reife hatte er sich für den richtigen Bau entschieden.

Nachdem Jupps Schnapsvorrat aufgebraucht war, ging er. Am nächsten Tag wollte er mit einem Kollegen vorbeikommen und die Plastik abholen. Pünktlich wie die Maurer trafen sie bei Dennis ein. Jupps Kollege war Pole und interessierte sich brennend für die Kunst und Kultur aus osmanischer Zeit – trotzdem kaufte er Dennis den »Rücken mit Muttermal« ab.

Mühelos wuchteten wir die Plastiken auf den Hänger. Jupp und sein Kollege stiegen in den Wagen und fuhren davon. Das Geld war wirklich echt. Noch eine ganze Weile schauten wir ihnen nach, alles schien so traumhaft.

Knochenarbeit

Wenn man nur einen Hammer hat,
sieht alles aus wie ein Nagel.

DR. ASHTARI

7 Nicht jeder Film

Nachdem er seine ersten beiden Plastiken verkauft hatte, war Dennis sich zu schade geworden, Kinoeintrittskarten zu verkaufen, Masthähnchen einzupacken oder Leberpräparate auszuprobieren. Er kündigte in der Geflügelfabrik und wollte fortan nur noch *für* und *von* seiner Kunst leben. Mit dem Ergebnis, dass er zwei Jahre lang überhaupt nichts mehr verdiente.

Dennis war kein Verschwender, er lebte bescheiden und ernährte sich fast ausschließlich von Pellkartoffeln und Sahnehering – trotzdem häufte er einen Berg von Schulden an. Früher hatte ich ihn für seine Unabhängigkeit bewundert, inzwischen, mit achtundzwanzig Jahren, hielt ich ihn für den unfreiesten Menschen, den ich kannte. Die Miete seiner Wohnung zahlten seine Eltern, er hatte lange Zeit weder einen Telefonanschluss noch eine Krankenversicherung, ständig drohte jemand damit, etwas abzustellen: Wasser, Strom, Gas. Trotzdem weigerte er sich, zum Sozialamt zu gehen oder einen Job anzunehmen.

»Lieber verreck ich«, sagte er.

Doch bevor er verreckte, kam er zu mir oder zu Erik oder traf sich sogar mit Lily. Es war nie viel Geld, um das er uns bat, schließlich waren wir alle keine Rockefellers. Mich störte nicht, dass Dennis das Geld nie zurückzahlte, was mich jedoch störte, war der Umstand, dass kein Ende seiner finanziellen Misere abzusehen war, dass ich wusste, dass er immer wiederkommen würde, in zwei Wochen oder in zwei Monaten, weil sein ganzer Lebensentwurf darauf ausgerichtet war, sich von mir und anderen Leuten Geld zu leihen.

Natürlich gab es auch die Möglichkeit, dass Dennis mit seinen Plastiken eines Tages Erfolg haben würde, aber das hielt ich für unwahrscheinlich – und ich bin mir sicher, dass er die Hoffnung darauf selbst schon aufgegeben hatte. Seinen Arbeiten fehlte die frühere Leichtigkeit und Eleganz, einige Werke ängstigten mich sogar, sie wirkten wie zerstückelt.

»Mich interessiert nicht, wie die Dinge sind, sondern wie sie wirklich sind«, erklärte er mir stolz. »Ich will eine Ähnlichkeit schaffen, die wirklicher ist als die Realität.«

Solche markigen Äußerungen wechselten sich bei ihm ab mit heftigen Attacken der Selbstkritik.

»Das Leben ist eine Achterbahnfahrt, mal geht es hoch, mal runter«, brachte er seine Lebenssicht damals auf den Punkt. »Und am Ende bist du immer unten.«

Früher hatte mich Dennis mit seiner Ausdauer und Detailversessenheit beeindruckt, er konnte sich in eine Aufgabe regelrecht verbeißen und monatelang an einer einzigen Skulptur arbeiten, die »Nabel«-Serie beschäftigte ihn bestimmt zwei Jahre. Nun aber arbeitete er schubweise und konnte in einer einzigen Nacht vier, fünf Plastiken herstellen. Dennis hatte die Garage seines Vaters beschlagnahmt, sie war voller Betonklumpen – und man konnte nur raten, was sie darstellen sollten. Eine Hand? Einen Fuß? Ein Ohrläppchen? Heute sind diese Arbeiten gesucht, damals wusste Dennis nicht, wohin damit.

Weil er sein Privat- von seinem Arbeitsleben trennen wollte, arbeitete Dennis nicht mehr in seiner Wohnung. Seit die Garage sein neues Atelier war, hielt er sich ständig bei seinen Eltern auf. Er wird überhaupt nicht erwachsen, befürchtete ich damals, sondern entwickelt sich zurück.

Dennis hatte sich einen Bart stehen lassen, trug die Haare länger, seine Hosen waren abgewetzt und seine Pullover voller Löcher. In einer Nacht war eine Betonfaust über seine Brille gerollt – ein Brillenbügel war abgebrochen und ein Glas gesprungen. Mit einem bunten Kinderpflaster hatte er den Bügel wieder notdürftig an der Brille befestigt und trug sie weiter … Trotz des gesplitterten Glases und obwohl er eine Ersatzbrille besaß! Seine Eltern waren schockiert, und wenn wir zwei gemeinsam unterwegs waren, schämte ich mich für ihn. Dennis sah aus wie ein Quartalssäufer am Ende einer einwöchigen Zechtour.

Wir trafen uns nicht mehr so oft wie früher, und wenn wir miteinander telefonierten, hatten wir uns nur noch wenig zu sagen. Dennis erzählte von sich aus kaum etwas, er antwortete eigentlich nur auf Fragen. Ich hatte aber nicht immer Lust, mir welche für ihn auszudenken, so dass wir manchmal minutenlang wortlos in die Hörer atmeten.

Seit knapp einem Jahr jobbte ich in einer Buchhandlung und musste dort viele Überstunden machen – die Buchhandlung war mit einer neuen Bestell-Software ausgestattet worden, und ich war quasi der Einzige, der das Programm verstand. Außerdem bereitete ich mich auf das Ende meines Studiums vor und musste Prüfer suchen und Klausurthemen vereinbaren. Ich hatte fast alle notwendigen Scheine beisammen, ohne mich groß ins Zeug gelegt zu haben, es geschah fast von allein. Man besucht zwei, drei Seminare, hält ein Referat, schreibt in den Ferien eine Hausarbeit… Schon ist das Studium vorüber.

Ich war nicht traurig darüber, denn inzwischen strömte ein neuer Schlag von Studenten an die Universität. Sie waren jung und ehrgeizig, hatten straffe Unterrichtspläne, beherrschten mehrere Fremdsprachen und rissen sich um unbezahlte Praktikumsplätze. Zwischen ihnen fühlte ich mich älter, als ich tatsächlich war. Außerdem wollte ich endlich anständig Geld verdienen… Nicht mehr in einer Wohngemeinschaft, sondern in meinen eigenen vier Wänden leben, im Sommer einmal Urlaub am Meer machen, einen schnelleren Computer kaufen – vielleicht sogar ein eigenes Auto. Finanziell kam ich zwar gut über die Runden, große Sprünge konnte ich mir allerdings nicht leisten.

Die Welt schien mir offenzustehen. Ich konnte mir vorstellen, nach dem Examen in einem Belletristikverlag anzufangen, im Lektorat oder in der Presseabteilung, oder für eine Zeitung Literaturkritiken zu schreiben. Ich las damals sehr viel Gegenwartsliteratur, vor allen Dingen die Amerikaner – ich möchte nicht wissen, wie viel meines Gehalts in der Buchhandlung blieb, in der ich arbeitete. Meiner Exfreundin erging es ganz ähnlich. Steffi arbeitete früher in einem Bekleidungsgeschäft und brachte jede Woche tütenweise neue Blusen, Röcke und Unterwäsche nach Hause. Ihr Kleiderschrank platzte wie mein Bücherregal aus allen Nähten. Auf diese Weise wurden wir Verkäufer doppelt ausgebeutet.

Sogar eine Zukunft als Schriftsteller zog ich in Betracht. So oft ich konnte, arbeitete ich an einem Roman, den ich für ziemlich erfolgversprechend hielt: eine Komödie um einen Kleinkriminellen, der süchtig danach wird, Leute einzubetonieren und der dadurch zum Mafiaboss aufsteigt. Viele Gedanken zum Werkstoff Beton und seiner Faszination waren eins zu eins von Dennis übernommen – trotzdem stand er dem Romanprojekt insgesamt eher gleichgültig gegenüber, weil ihn die Krimihandlung überhaupt nicht interessierte.

Dafür begeisterte er sich für Eriks neue Videoarbeiten. Erik schrieb Dialoge aus Amateurpornos ab und drehte sie neu – in anderen Zusammenhängen. Auf dem Arbeitsamt, beim Vorstellungsgespräch, in der Eisdiele. *Das sieht so geil aus... Das ist auch geil... Gib's mir... Schön sauber lecken.* Einige Szenen waren wirklich lustig, die meisten Gags fand ich jedoch albern und geschmacklos.

Die Pornofilme stammten aus der Videothek, in der Erik seit kurzem arbeitete. Seit er sich nur noch vegan ernährte, konnte und wollte er nicht mehr in der Eisdiele kellnern. Plötzlich ekelte er sich davor, einer alten Dame ihren Krokantbecher auf den Tisch zu stellen – fand aber nichts dabei, Leuten Videos in die Hand zu drücken, in denen Frauen Pferden einen blasen.

Die Videothek war aus einem Filmseminar an der Universität hervorgegangen und auf Gewalt- und Pornofilme spezialisiert. Drei Studenten hatten eine Kommanditgesellschaft gegründet, einen EU-Topf angezapft und so viele Gelder erhalten, dass sie in bester Lage ein Ladenlokal in der Innenstadt anmieten konnten, direkt an der U-Bahnstation »Rathaus Bochum«, gegenüber der »Drehscheibe«, auf der Seite von »City-Point«. Die drei wollten die Genres aus der Schmuddelecke holen und einen kuscheligen Treffpunkt für Freunde der Drastik schaffen, einen Ort, an dem man sich bei Kaffee und Kuchen und Heavy-Metal-Musik über Pornos und Snuff-Filme unterhalten konnte. Den Laden tauften sie »E.T.«, das stand für *Eros* und *Thanatos*, und als Motto wählten sie den Spruch »Nicht jeder Film«.

Die drei Gesellschafter – zwei Theater-, Film- und Fernsehwissenschaftler und eine Komparatistin – liebten Erik, seine tätowierten Unterarme, seine auffälligen Piercings, seine breiten Koteletten und seinen rasierten Schädel. Er war das Aushängeschild des Ladens. Die drei gaben sich wild und verwegen, trugen ausgeflippte Klamotten und T-Shirts mit Monsterköpfen, und Johanna, die sich Jo nannte, hatte auch einen Nasenstecker, doch neben Erik sahen sie aus wie kostümierte Kinder. Er nannte sie nur »die drei Ausrufezeichen«, auch in ihrem Beisein.

Die drei waren ständig auf der Suche nach Ideen, den Laden bekannter zu machen. Geld schien keine Rolle zu spielen. Es war Eriks Vorschlag, vor dem Geschäft etwas Unübersehbares und Provokantes aufzustellen, mitten in die Fußgängerzone, zum Beispiel eine riesige Penisskulptur aus wetterfestem Material. Die drei waren von der Idee begeistert, und so erhielt Dennis den Auftrag, für eine beachtliche Summe einen riesigen Betonphallus herzustellen.

Diese Nachricht erfuhr ich nicht von Dennis, sondern von Lily – und das ärgerte mich. Dennis hatte Lily angerufen und angekündigt, bald seine Schulden bei ihr zurückzahlen zu können, obwohl er mir viel mehr Geld schuldete.

Lily und ich trafen uns damals oft an der Universität, anfangs zufällig, später nicht mehr. Gemeinsam setzten wir uns dann in die »Bier-Klause« und erfrischten uns beim Anblick der Betontürme mit einigen Gläsern »Fiege Pils«… Das Semester in Paris hatte Lily gut getan, sie rauchte nicht mehr diese albernen Zigarillos, hatte ihre Lenin-Schwärmerei abgelegt und war viel geerdeter nach Deutschland zurückgekehrt. Sie erzählte ausgiebig von ihrem Volkswirtschaftsstudium; es war anstrengend, aber auch anregend – ganz anders als ihre beiden anderen Fächer. Manchmal, nachdem wir uns verabschiedet hatten, fiel mir auf, dass wir kein einziges Mal Dennis erwähnt hatten.

Ich kannte das »E.T.« noch nicht und ging an einem Nachmittag hin, an dem ich wusste, dass Erik frei hatte. Die beiden Schaufenster der Videothek waren luftig dekoriert, in dem einen hingen verschiedene Filmplakate, darunter ein signiertes »Bocksprünge«-Poster, in dem anderen schwebten an Bindfäden Zitate aus dem Alten Testament, von Marquis de Sade, Charles Manson und Oberst Gaddafi… Wenn man nicht genau hinschaute, hätte man es von außen auch für das Schaufenster einer Stadtteilbibliothek oder eines Kinderladens halten können.

Auch innen sah das »E. T.« nicht wie ein typischer Filmverleih aus. Der Laden war vorher ein Schuhgeschäft gewesen, und die Gesellschafter hatten viel von der alten Einrichtung übernommen, unter anderem die dunkelbraune Auslegeware, auf die sie mit weißer Farbe ihre Körperumrisse gemalt hatten – so wie bei Leichenfundorten an einem Tatort. Rechts vom Eingang standen vor einem als Kasperlehäuschen verkleideten Fernseher kleine rote, gelbe und blaue Sitzwürfel – auf dem Bildschirm war allerdings kein Zeichentrickfilm zu sehen, sondern ein Kettensägenmassaker. Links vom Eingang gab es eine große plüschige Leseecke mit Sesseln, einem Cordsofa, einem cremeweißen Schleiflacktisch, einer antikisierten Stehlampe und einer wuchtigen schwarzbraun glänzenden Kommode aus Edelholzfurnier. Man sah fast keine Filmhüllen, stattdessen standen im Raum mehrere Metallregale gefüllt mit Aktenordnern, alle von Mädchenhand beschriftet, anhand derer man sich durch das Filmangebot blättern konnte.

Jo und ein weiterer Gesellschafter saßen auf Barhockern hinter dem Verkaufstresen. Der Laden war riesig und ansonsten menschenleer. Aus den Boxen drang laute elektronische Knistermusik, die sich anhörte wie eine kaputte CD.

»Na, bist du auch ein Hingucker?«, rief mir Jo entgegen.

»Was?«, fragte ich zurück.

»Na, ob du auch ein Hingucker bist?«, wiederholte Jo ihre Frage.

»Äh, manchmal schon«, antwortete ich und wusste nicht, ob das der Wahrheit entsprach.

»Klasse«, sagte Jo und lächelte. »Ich kenn dich von der Uni. Was unterrichtest du?«

Ich hasste diese Frage und erklärte ihr, dass ich noch Student sei.

»Umso besser«, sagte sie freudestrahlend, »dann kriegst du Rabatt.«

Ich wandte mich ab. Neben dem Tresen stand ein Regal mit Büchern und leeren Filmhüllen, wahllos nahm ich eine in die Hand.

»Die kann man nicht ausleihen«, blaffte mich der Bursche neben Jo an. »Das ist der Handapparat.«

Überrascht stellte ich die Hülle zurück ins Regal.

»Bist du zum ersten Mal hier?«, fragte mich Jo.

Ich nickte.

»Niko, führ ihn doch mal rum.«

Der Bursche, den Jo Niko nannte, stöhnte laut auf, kroch unterm Tresen hervor und lief mit mir die Regalwände ab.

»Roter Fleck Horror, weißer Fleck Porno. Alles nach Themen sortiert. Orgie, Robots, Fetisch. Auf was stehst du?«

»Äh, normal.«

Niko schaute zu Jo hinüber und verdrehte die Augen.

»Pro Tag kannst du zwei Filme ausleihen. Oder du wirst ›Freak‹. Interesse?«

»Später vielleicht.«

»Hab ich mir gedacht.«

Niko verschwand wieder hinter dem Tresen. Ich lief durch die Reihen und blätterte in den Ordnern, aber ich konnte mich gar nicht auf die Filmbeschreibungen konzentrieren, da mich Niko und Jo keine Sekunde lang aus den Augen ließen. Immer wieder flüsterte Niko Jo kurze Bemerkungen ins Ohr – und ich wusste, dass es nur Bösartigkeiten sein konnten.

»Wie heißt du eigentlich?«, fragte mich Jo.

»Mark«, antwortete ich.

»Mit k oder c?«

Jo hatte bereits damit begonnen, meinen Mitgliedsantrag auszufüllen.

»Wir brauchen auch noch eine aktuelle Studentenbescheinigung von dir«, sagte Jo.

»Ich hole sie gleich.« Ich packte die Gelegenheit beim Schopf, schob den Ordner zurück ins Regal, winkte, ohne mich umzudrehen, Richtung Tresen, eilte aus dem Laden und verschwand im Gewühl.

Nachdem Dennis den Auftrag für den Betonpenis erhalten hatte, war er für mich unerreichbar, pausenlos werkelte er in der Garage seiner Eltern an der Plastik. Es war die Riesenchance für ihn, der Penis in der Fußgängerzone würde für viele Schlagzeilen sorgen, und mit dem Geld wäre er auf einen Schlag alle Sorgen losgeworden.

Ich freute mich wahnsinnig für ihn und war neugierig, wie er mit der Arbeit vorankam. Täglich telefonierte ich mit seinem Vater oder seiner Mutter: Sie sollten ihm ausrichten, dass ich angerufen habe und auf seinen Rückruf warte – aber Dennis meldete sich nicht. Er sei zu erschöpft und angespannt, erklärte mir seine Mutter, er gehe noch nicht einmal mehr mit Lucky und Dog vor die Tür. Das müsse sie jetzt tun, erzählte sie mir, dabei habe sie vor so großen Hunden Angst.

Nach einer Woche gab ich meine Anrufversuche entnervt auf. Ein paar Tage später meldete sich dann Dennis bei mir – allerdings um kurz vor Mitternacht! Ich hatte einen langen Tag gehabt, war vormittags in der Bibliothek gewesen, hatte danach bis zwanzig Uhr in der Buchhandlung gearbeitet, anschließend zwei Stunden an dem Schlussteil meiner letzten Anglistik-Hausarbeit geschrieben und war bei den »Tagesthemen« eingeschlafen… Dementsprechend erbost war ich, als Dennis mich weckte. Ich machte ihm sogleich Vorwürfe.

»Aber du wusstest doch, wo ich bin«, rechtfertigte er sich. »Wenn es wichtig gewesen wäre, hättest du ja vorbeikommen können.«

Ich war zu müde, um weiterzustreiten.

»Warum rufst du mich eigentlich so spät an?«

»Ich habe eine Bitte«, antwortete er.

Es ging um den Betonpenis, die Plastik war nun fertig. Erik habe bereits einen Wagen organisiert, und Dennis trommelte Helfer zusammen, die den Penis am nächsten Morgen zum »E. T.« schaffen sollten. Erik würde mitanpacken, die drei Ausrufezeichen, sein Vater, er selber… Und ich, *bittebitte!* Man treffe sich direkt vor der Garage, um sechs Uhr dreißig in der Früh.

»Was?«, rief ich. »Das ist ja noch mitten in der Nacht.«

»Stimmt«, erklärte mir Dennis. »Aber der Lieferverkehr in der Fußgängerzone ist nur bis acht Uhr gestattet.«

»Wie soll ich denn so früh zu deinen Eltern kommen?«, versuchte ich meinen Kopf aus der Schlinge zu ziehen.

»Nimm dir ein Taxi«, antwortete Dennis. »Ich zahl das. In ein paar Stunden habe ich genug Geld. Hilfst du mir?«

Ich hätte allen Grund gehabt, ihm die Bitte abzuschlagen, doch ich willigte ein und ließ mich ein paar Stunden später todmüde und ungewaschen mit einem Taxi durchs finstere Ruhrgebiet kutschieren. Ich hatte noch nicht einmal einen Kaffee getrunken und fühlte mich erbärmlich.

Ich erreichte den Garagenhof als erster. Dennis' Mutter schaute aus dem Küchenfenster, sah mich und winkte. Ich zündete mir eine Zigarette an. Kurz darauf öffnete sich die Haustür, und Dennis und sein Vater traten hinaus. Fast im selben Moment fuhren Erik und die drei Ausrufezeichen mit dem Kastenwagen von Eriks Vater auf den Hof; zu viert hatten sie sich vorn ins Führerhäuschen gequetscht. Mit quietschenden Reifen stoppte der Wagen einen halben Meter vor mir. Jo sprang zuerst aus dem Auto.

»Hey, Mark«, rief sie, »du musst noch deinen Ausweis abholen.«

Ich lächelte gequält. Wir begrüßten uns, die drei Ausrufezeichen gaben Dennis' Vater artig die Hand – nur Niko würdigte mich keines Blickes.

»Wo ist denn die Kunst?«, fragte Erik, der aussah, als hätte er zweihundert Jahre nicht mehr geschlafen.

»Drinnen«, antwortete Dennis.

Die drei Ausrufezeichen standen neben Erik und rieben sich vor Vorfreude die Hände. Für den Vormittag hatten sie eine Pressekonferenz einberufen, sie waren sich sicher, dass der Penis in der Fußgängerzone einen Sturm der Entrüstung auslösen würde.

Dennis trat an das Garagentor, drehte am Griff und zog das Tor mit einem durch Mark und Bein gehenden Geräusch hoch. Dann schaltete er das Licht ein. Der Anblick, der sich uns bot, war – *überraschend.* Mitten in der Garage stand auf einer Holzpalette eine riesige graue Betonplastik. Ich hätte nicht auf einen Penis getippt, eher auf eine auf den Kopf gestellte Bürste. Mit geschwungenen Borsten und einem dünnen Stiel – eine Art Rundbürste.

Sprachlos und in kleinen Schritten gingen die drei Ausrufezeichen um die Plastik herum, mit verschränkten Armen. Erst eine Runde, dann zwei, dann drei. Mit jeder Runde wurden sie langsamer und die Situation unangenehmer.

»Was ist denn das?«, brach Niko schließlich das Schweigen. »Soll das ein Schwanz sein?«

Erik lachte heiser auf.

»Und sollte der Penis nicht eigentlich rasiert sein?«, meldete sich das zweite Ausrufezeichen zu Wort.

»Und was sind das da für Punkte?«, fragte Jo, die sich hingekniet hatte und auf eine Stelle zeigte. »Ist das etwa Smegma?«

Dennis stand wortlos vor der Garage und biss sich auf die Lippe.

»Also mir gefällt es«, sagte sein Vater nach einer Weile. »Sieht aus wie eine Bürste.«

»Richtig«, pflichtete ich ihm bei und erntete dafür von Dennis einen zornigen Blick.

»Wir wollten aber einen Pimmel und keine Bürste«, fauchte Niko. »Also ich finde es scheiße!«

Die drei Ausrufezeichen traten aus der Garage, alle Augen richteten sich auf Dennis. Ich sah, wie verletzt er war. Gern hätte ich etwas Aufmunterndes gesagt, aber mir fiel nichts Passendes ein.

»Vielleicht kann man das Schwanzige noch ein bisschen betonen?«, schlug Erik vor.

»Oder es anmalen«, meinte Jo. »Bestimmt wird das Ganze mit Farbe viel deutlicher.«

»Quatsch«, rief Niko. »Das muss ganz neu gedacht werden. Der Pimmel soll schocken! Vielleicht braucht der Typ ja ein bisschen Anschauungsmaterial?«

Ohne Hektik und weiterhin schweigend schaltete Dennis das Licht in der Garage aus, schloss das Tor und ging zurück ins Haus. Wir schauten ihm nach. Ich fühlte mich schrecklich, weil ich nichts zur Verteidigung des Penis gesagt hatte.

»Und jetzt?«, fragte Jo schließlich.

»Also ich habe einen Mordskohldampf und muss erst einmal was essen«, antwortete Niko.

»Wo denn?«, fragte Jo. »Hat das ›Ferdinand‹ schon auf?«

»Bestimmt«, sagte Niko. »Erik, kannst du uns am Bahnhof rausschmeißen?«

Erik nickte.

»Soll ich dich auch mitnehmen?«, fragte er mich dann. »Auf der Ladefläche ist noch Platz.«

Ich schüttelte den Kopf. Mit Handschlag verabschiedeten sich die drei Ausrufezeichen von Dennis' Vater.

»Ich werde mit dem Jungen reden«, rief er ihnen nach.

»Ja, tun Sie das«, antwortete Jo.

Die vier nahmen vorn im Auto Platz. Erik startete den Motor, setzte den Wagen zurück, hupte zweimal, dann fuhr er davon.

»Willst du noch mit hochkommen?«, fragte mich Dennis' Vater. »Bestimmt hast du Hunger?«

Dennis saß in der Küche, beachtete mich gar nicht und aß schweigend sein Käsebrot. Ich setzte mich ihm gegenüber auf die Eckbank. Seine Mutter freute sich sehr, mich wiederzusehen, und reichte mir eine Tasse, ein Messer und ein Frühstücksbrett. Es war Jahre her, dass ich das letzte Mal bei den Kirchners gegessen hatte, und sie bestürmten mich mit Fragen. Sie wollten wissen, wie es meinen Eltern ging, fragten nach meinem Studium und meiner Arbeit in der Buchhandlung. Sie hatten sich schon immer sehr für mein Leben interessiert, dass ich früher lange Haare trug, hatte sie nie gestört.

Um kurz vor zehn ging ich. Dennis hatte die ganze Zeit über kaum ein Wort gesagt. Im Hausflur verabschiedete ich mich von ihm.

»Diese Arschlöcher«, sagte er mit zittriger Stimme. »Ich bin doch nicht Arno Breker!«

»Vergiss die Typen«, antwortete ich. »Die haben keine Ahnung.«

Ich ging zur Straßenbahnhaltestelle und fuhr todmüde nach Hause. Das Geld für die Taxifahrt habe ich natürlich nie zurückbekommen. Obwohl Dennis dringend Geld brauchte, weigerte er sich, für das »E. T.« einen neuen Penis herzustellen. Dass ihn später ausgerechnet der Betonpenis berühmt machen sollte, empfand ich als große Genugtuung.

8 Steinzeit

Mit meinen Schülern habe ich kürzlich im Unterricht eine Kurzgeschichte über einen Arbeitslosen gelesen, der sein letztes Geld bei einem Pferderennen einsetzt, um von dem Gewinn die teure Operation für seinen hüftkranken Hund zu bezahlen. Natürlich geht die Geschichte tragisch aus. Typisch Literatur, fanden meine Schüler. Aber das Leben ist in Wirklichkeit viel schlimmer.

Lucky und Dog waren die reinsten Fressmaschinen. Im Handumdrehen hatten sie ihren damaligen Auftrag ausgeführt und den Vorrat an Hundefutter vernichtet. Anschließend dachte Dennis aber nicht mehr daran, sich von den Hunden zu trennen, so sehr waren ihm die beiden Tiere ans Herz gewachsen. Von da an hatte er zwei weitere Mäuler zu stopfen. Und auch wenn er selbst manchmal tagelang darbte und nur von Luft und Leitungswasser lebte, seine Hunde hatten stets mehr als genug zu fressen: und fraßen und fraßen und wurden fett und fetter. Besonders Lucky.

Für Dennis hatte der Reinfall mit dem »E. T.« auch eine gute Seite: Obwohl er vom Vorschlag von Jo zunächst beleidigt war, nahm er später ihre Anregung auf und bemalte seine Plastiken bunt. Das Ergebnis war umwerfend. Seine Werke wirkten auf einmal lebendig, sie schienen zu atmen –

und man traute sich nicht, sie einen Moment aus den Augen zu lassen, weil man Angst hatte, sie könnten davonlaufen. Es sei ein Unterschied wie zwischen Schwarz-Weiß-Fernsehen und Kino in 3D, meinte Lily. Sie war so begeistert von den Arbeiten, dass sie für Dennis eine Ausstellung organisierte. In den Räumen des Gelsenkirchener Frauenhauses, die Leiterin war eine Freundin ihrer Mutter.

»Okay«, gab Lily zu, »das ist nicht das Moma. Aber dafür sind die Räume klasse.«

Das stimmte. Und Dennis war glücklich, auch weil er so Lily öfters sehen konnte – er war immer noch verliebt in sie. Sie hingegen wollte zu der Zeit von Liebe und großen Gefühlen nichts wissen. Sie hatte gerade ihre Fächer gewechselt und komplett auf Betriebswirtschaftslehre umgesattelt, ihr Studium hatte zunächst einmal Vorrang.

»Da muss ich noch aufholen«, erzählte sie mir. »Liebe hatte ich genug. Und wenn es mich wirklich mal packt, dann gehe ich ins ›Sachs‹ und suche mir einen Typen zum Ficken. Aber das kommt selten vor, eigentlich kann ich auf Sex gut verzichten.«

In der Ausstellung wollte Dennis nur Werke aus den letzten anderthalb Jahren zeigen, aus seiner Garagenzeit. Alles andere fand er künstlerisch belanglos. Die Ausstellung sollte im September eröffnet werden, ihm blieben also noch knapp drei Monate, in denen er einen neuen Zyklus fertigstellen wollte: Betonblumen. Fröhliche, farbenprächtige Darstellungen von Pflanzen, die er an unwirtlichen Orten im Ruhrgebiet fand: auf dem Mittelstreifen der Autobahnen, zwischen

Straßenbahnschienen und tief unter der Erde in verlassenen Bergbauschächten. Er war voller Elan – bis ihm der Tierarzt die niederschmetternde Diagnose mitteilte.

Auch bei Lucky war es die Hüfte. Und wie in der Erzählung, die ich neulich mit meinen Schülern im Unterricht gelesen habe, drohte, wenn nicht operiert werden würde, die Einschläferung. Von da an gab es für Dennis nur noch ein Thema: Geld.

Die Summe, die er brauchte, war vierstellig – und das waren zwei Stellen zu viel für ihn. Der Eingriff sollte in Dänemark vorgenommen werden, ich weiß gar nicht mehr warum. Entweder waren die Ärzte in Dänemark besser oder die Operation billiger, vielleicht auch beides.

Seine Eltern hätten ihm das Geld gewiss gegeben, wenn sie es gehabt hätten. Dennis wollte einen Kredit bei einer Bank aufnehmen, doch das war ein aussichtsloses Unterfangen. Er besaß ja noch nicht einmal ein Girokonto, nur das »Jeans«-Sparbuch, das er von der Bank zur Konfirmation geschenkt bekommen und auf das er noch nie etwas eingezahlt hatte.

Luckys Zustand verschlechterte sich täglich. Er aß kaum noch etwas und magerte ab. In seiner Verzweiflung streckte Dennis die Hand nach jedem Strohhalm aus, war er auch noch so klein und kümmerlich.

»Gehen dein Onkel und deine Tante eigentlich immer noch auf Börsen und verkaufen Fossilien?«, fragte mich Dennis eines Tages, als Luckys Schmerzen schon so groß waren, dass er kaum noch laufen konnte.

»Sicher«, antwortete ich.

Fast alle meine Schulferien hatte ich in Steinbrüchen verbracht. Mein Onkel und meine Tante sammelten Fossilien, sie hatten keine eigenen Kinder und nahmen mich oft auf ihre Exkursionen mit. Ich suchte Trilobiten in Schweden, Seeigel an der französischen Küste und versteinerte Fische in der Schwäbischen Alb. Gefunden habe ich nie etwas. Meine Abneigung gegen Knäckebrot und meine Vorliebe für französisches Essen wurzelt in diesen Reisen.

Dennis hatte mich immer um diese Ferienerlebnisse beneidet. Steinbrüche, das waren für ihn heilige Orte! Hätten in Deutschland Häftlinge tagsüber auch Steine zertrümmern müssen, so wie die Daltons in seinem Lieblingscomic, wäre Dennis absichtlich straffällig geworden.

Mit der Zeit gingen meine Tante und mein Onkel dazu über, einen Teil ihrer Funde auf Fossilienbörsen zu verkaufen. Auf einer ihrer ersten Sammlerbörsen, es war eine ganz kleine im Revierpark Nienhausen mit nur fünf, sechs anderen Ausstellern, besuchten Dennis und ich ihren Stand.

Dennis war fasziniert von den angebotenen Stücken. Er nahm jedes einzelne in die Hand und konnte sich gar nicht satt sehen – mehrmals musste ich vor die Tür verschwinden, um einen Joint zu rauchen. Meine Verwandten freuten sich über seine Begeisterung, und zum Abschied schenkte ihm meine Tante den Abdruck eines kleinen Solnhofener Krebses.

Dennis war überglücklich und versuchte später, fossile Visionen von menschlichen Körpern bildhauerisch umzusetzen: eingefallene, zerdrückte, ineinandergeschobene Knochen und Zähne… Es sollte dunkel und düster aussehen – doch alles war nur platter Matsch, und Dennis gab die Versuche schließlich auf.

»Können deine Verwandten auf den Fossilienbörsen nicht auch meine Plastiken anbieten?«, fragte mich Dennis. »Ich meine, Betonblumen sind doch auch Versteinerungen. Nur halt aus künstlerischer Sicht.«

»Warum stellst du dich denn nicht auf einen Flohmarkt«, erwiderte ich, »da kommen doch viel mehr Leute.«

»Aber was für welche«, meinte Dennis und schüttelte den Kopf. »Die wollen doch alle nur Schnäppchen machen. Nein, so eine Fossilienbörse zieht ein ganz anderes Publikum an, da sitzt das Portemonnaie viel, viel lockerer.«

Ich glaube, Dennis sagte nur die halbe Wahrheit – in Wirklichkeit schämte er sich. Als Bildhauer ging man auf die »Art Basel« und bot seine Werke nicht auf dem Universitätsparkplatz in Essen an. Fremden gegenüber stellte er sich seit einiger Zeit auch wie selbstverständlich als »Bildhauer« vor, früher war das immer ein fürchterliches Herumdrucksen gewesen.

Obwohl ich die Verkaufsaussichten als gering einschätzte, fragte ich meine Verwandten – seit der Geschichte mit Jupp und dem Knie misstraute ich der eigenen Skepsis, zumindest was meine Beurteilung des Kunstmarktes anging. Mein Onkel und meine Tante konnten sich noch lebhaft an Dennis erinnern und hatten nichts gegen den Vorschlag einzuwenden. Allerdings stellten sie eine Bedingung: Im Gegenzug müsse Dennis am darauffolgenden Wochenende den Standdienst auf der Fossilienbörse in Duisburg übernehmen, ohne sie, weil mein Onkel und meine Tante dann am Samstag auf einer Börse in Stuttgart ausstellen würden. Der Vorteil wäre, dass Dennis so selber etwas zu seinen Plastiken sagen und die Preise aushandeln könne.

Dennis war sofort einverstanden, *damit* hatte er keine Probleme – aber ich! Denn es bedeutete, dass ich auch mit ihm hinter dem Stand stehen musste, schließlich waren es meine Verwandten und er mein bester Freund. Und das ausgerechnet an dem Wochenende, an dem ich samstags einmal nicht in der Buchhandlung arbeiten musste und, was viel schlimmer war, meine Exfreundin Steffi in der Stadt weilte. Bis heute hat mir Dennis das große Opfer, das ich für Lucky und ihn gebracht habe, nicht gedankt. Dass wir mit zehn Prozent am Umsatz beteiligt wurden, war für mich kein Trost.

Dennis und ich waren am Samstag um neun Uhr morgens vor der Mercatorhalle verabredet. Am Freitagabend wollte mein Onkel den Stand in Duisburg aufbauen, anschließend mit meiner Tante nach Stuttgart fahren und am Sonntagabend mit uns zusammen den Stand wieder abbauen.

Mit dem Regionalexpress fuhr ich samstagmorgens nach Duisburg – das Studententicket, mit dem ich damals im gesamten Ruhrgebiet kostenlos herumfahren konnte, war das Beste an meinem ganzen Studium. Dennis wurde von seinem Vater mit dem Auto gebracht, im Kombi befanden

sich auch drei der schönsten bislang fertiggestellten Betonblumen.

Weil der Zug Verspätung hatte, kam ich ein paar Minuten
zu spät zum Treffpunkt. Dennis und sein Vater erwarteten
mich bereits. Wir schafften die Betonblumen zum Stand,
sie waren zum Glück kleiner und leichter als die anderen
Plastiken von Dennis, man konnte sie gut anpacken und zu
zweit ohne allzu große Mühen tragen. Dennis' Vater verabschiedete sich und fuhr heim.

Der Saal, in dem die Börse untergebracht war, war riesig,
doch bloß ein Drittel des Raums wurde als Ausstellungs-
fläche genutzt. Die Gänge waren viel zu schmal, und hinter
den Ständen konnte man sich kaum bewegen. Pro Stand gab
es nur einen Stuhl, so dass sich Dennis und ich mit dem Sitzen abwechseln mussten.

Wie angekündigt hatte mein Onkel den Verkaufsstand
bereits aufgebaut und eine Tischhälfte für Dennis' Plastiken freigelassen. Die größte Betonblume präsentierten wir
auf dem Tisch, die anderen beiden stellten wir darunter. Das
Angebot meiner Verwandten war dürftig, kleine Fische und
Krebse und Ammoniten, die schönsten Stücke hatten sie
mit nach Stuttgart genommen.

Pünktlich um zehn Uhr öffnete die Börse ihre Pforten,
und ein Tross bärtiger Männer stürmte in den Saal, die
jüngsten waren um die vierzig, die ältesten vielleicht hun-
dertzwanzig Jahre alt. Sie bewegten sich langsam durch die
Reihen, von Stand zu Stand; da wir in der hintersten Reihe
waren, dauerte es eine Weile, bis die ersten Besucher uns

erreicht hatten. Die Männer warfen einen flüchtigen Blick auf unser Angebot, schauten mich verächtlich an, dann Dennis – und erschraken! Mit dem gesprungenen Brillenglas sah er gemeingefährlich aus; er trug seine Verwahrlosung wie eine Uniform. Verstört wandten sich die Männer von uns ab und eilten zum nächsten Stand. So verging die erste Stunde.

»Deine Brille ist nicht gerade verkaufsfördernd«, bemerkte ich.

»Vielleicht kriegt ja einer Mitleid«, antwortete Dennis.

In der zweiten Stunde war noch weniger los. Es gab absolut nichts zu tun, um halb zwölf öffnete ich mein erstes Bier. Nur noch selten verirrte sich eine Gestalt in den Saal – und wenn, dann meist ein gebrechlicher Greis mit Gehhilfe aus dem Altersheim nebenan: Die Insassen hatten freien Eintritt, alle anderen wurden ordentlich zur Kasse gebeten. Es wunderte mich nicht, dass kaum jemand kam.

Mein eigener Rundgang durch die Reihen dauerte keine fünf Minuten. Die Aussicht, nicht nur den Samstag, sondern auch noch den gesamten Sonntag in diesem Saal zu verbringen, machte mich ganz trübsinnig. Alle zehn Minuten ging ich vor die Tür und steckte mir immer gleich zwei Zigaretten hintereinander an … Ich war mehr vor als in der Halle. Dennis störte das nicht. Er saß die ganze Zeit über schweigend hinter unserem Stand und starrte Löcher in die Luft.

»Woran denkst du?«, fragte ich ihn.

»An Lucky«, seufzte er.

Diese Antwort konnte meine Stimmung auch nicht heben.

Um kurz nach eins, wir hatten noch nichts umgesetzt, ging ich ins Foyer, trank eine Tasse Blümchenkaffee und aß die teuerste Bratwurst meines Lebens. Dennis hatte ebenfalls Hunger bekommen. Ich empfahl ihm, sich außerhalb der Halle einen besseren und billigeren Imbiss zu suchen. Er könne ruhig länger fortbleiben, in der Halle sei ja sowieso tote Hose. Dennis nahm seine Jacke und ging.

»Bringst du mir eine Schachtel Zigaretten mit?«, rief ich ihm hinterher. »Luckies?«

Dennis drehte sich um, und ich sah den Schmerz in seinem Gesicht, den das letzte Wort in ihm ausgelöst hatte.

Kaum war Dennis verschwunden, füllte sich der Saal wie auf ein geheimes Kommando mit Menschen. Ein Wunder war geschehen. Plötzlich waren die Gänge voll mit Männern, Frauen und Kindern – und sie alle kannten nur ein Ziel: unseren Stand. Ich wurde umlagert und mit tausend Fragen bombardiert.

»Wie alt sind die Schnecken?«

»Können Sie einen Hunderter kleinmachen?«

»Wenn ich alle nehme, bekomme ich dann Rabatt?«

Ich musste Auskünfte geben, kassieren, Geld wechseln, die Verkäufe notieren, die verkauften Fossilien in Zeitungspapier einwickeln – und das alles gleichzeitig. Ich geriet mächtig ins Schwitzen. Sogar für die Betonblumen interessierte sich eine vornehme Dame in einem schwarzen Kostüm mit Goldknöpfen und Perlenkette.

»Das ist eine bezaubernde Arbeit«, sagte sie. »Wie viel verlangen Sie dafür?«

Ich wusste gar nicht, was Dennis für die Betonblumen haben wollte und vertröstete die Frau auf Dennis' Rückkehr. Doch Dennis kam und kam nicht zurück. Mittlerweile waren schon fast zwei Stunden vergangen, die Bundesliga angepfiffen worden, und es schien, als ob alle Menschen, die sich nicht für Fußball interessierten, in den Saal geströmt kamen. Ich hätte gern eine Zigarette geraucht, aber ich hatte weder die Gelegenheit dazu noch eine Zigarette.

Erst nach über drei Stunden, als der Besucherandrang schon deutlich nachgelassen hatte, kehrte Dennis in bester Laune zum Stand zurück.

»Na, gut verkauft?«, rief er mir entgegen.

»Wo bist du gewesen?«, fragte ich zurück und konnte die Erregung in meiner Stimme kaum verbergen.

»Was essen«, antwortete er. »Und dann habe ich mir den ›Schiffszieher‹ angeschaut, ich liebe diesen Berg Mensch. In jeder Sehne –«

»Sag mal, spinnst du?«, platzte es aus mir heraus. »Hier war der Teufel los, und du gehst ins Museum?«

»Es ist doch direkt um die Ecke. Außerdem hast du gesagt, dass ich länger wegbleiben kann«, antwortete er und sah mich an, als hätte ich einem blinden Mann den Stock weggenommen.

»Hier, deine Zigaretten!«

Voller Verachtung warf er die Schachtel auf den Tisch.

»Scheiße, das sind ja Lights!«

Dennis zuckte mit den Achseln.

Ich nahm die Schachtel, ging vor die Halle und rauchte so viele Zigaretten, bis mir schlecht wurde. Man konnte mit Dennis überhaupt nicht streiten: Sobald ihm die Argumente ausgingen, lief man gegen eine Wand. Dennis schaute einen mit großen Augen an und gab keinen Ton mehr von sich – dieses Verhalten machte mich wahnsinnig! Er war einfach nicht in der Lage, Fehler einzuräumen und sich zu entschuldigen.

Ich kehrte in den Saal zurück, es waren kaum noch Besucher da. Auch die elegante Dame, die sich für die Betonblumen interessiert hatte und von mir in der Zwischenzeit schon dreimal fortgeschickt werden musste, war nicht mehr zu sehen. Ihr Verschwinden ließ Dennis kalt: Er war sich sicher, dass er die Blumen spätestens am nächsten Tag loswerden würde.

In den letzten beiden Stunde waren die Aussteller quasi unter sich. Ein Männlein mit einer Lupe vor dem Gesicht untersuchte die Betonblumen wie ein Kriminologe.

»Tauschen Sie auch?«, fragte er am Ende seiner Untersuchung.

»Kommt drauf an«, antwortete Dennis.

Das Männlein verzog seinen Mund zu einem Lächeln, lief davon und kam mit einer offenen Holzkiste voller Feuersteine zurück.

»Das ist Primitivgeld«, erklärte das Männlein. »Aus der Steinzeit. Ich gebe Ihnen die ganze Kiste.«

Dennis nahm einen Feuerstein in die Hand, wog und betrachtete ihn, dann schaute er mich fragend an. Es schien fast so, als ob er ernsthaft überlegte, das Angebot anzunehmen.

»Ich glaube nicht«, sagte ich, »dass die Währung noch in Dänemark akzeptiert wird.«

Dennis schloss die Augen und dachte nach, dann schüttelte er den Kopf und legte den Feuerstein zurück in die Kiste. Bevor sich das Männlein umdrehte und verschwand, erdolchte es mich mit seinen Blicken.

Eine halbe Stunde vor Börsenschluss machte auch Dennis seinen ersten Rundgang. Nach wenigen Augenblicken stand er wieder vor mir und verlangte seinen Anteil am Umsatz. Ich gab ihm das Geld. Dennis rannte fort und kehrte kurze Zeit später mit drei kleinen Bernsteinen zum Stand zurück, die er mir stolz präsentierte: In jedem Bernstein befand sich ein kleines Insekt.

»Schau dir mal die Mundwerkzeuge an«, schwärmte er.

Ich konnte seine Begeisterung nicht teilen. Dennis war so gut wie pleite, gab aber sein letztes Geld für tote Fliegen aus.

Punkt sieben verließen wir die Halle. Die drei Betonblumen hatten wir unter den Tisch gestellt und die Fossilien meiner Verwandten mit einem großen Tuch bedeckt. Wir liefen zum Bahnhof, bei Burger King bestellte ich das teuerste Menü. Nach der Mahlzeit fuhren Dennis und ich mit dem Regionalexpress Richtung Bochum; der Zug war so überfüllt, dass wir im Zwischenabteil stehen mussten.

Dennis stieg in Wattenscheid aus, ich fuhr weiter bis zum Bochumer Hauptbahnhof und eilte in den »Intershop«. Steffi erwartete mich bereits. Sie sah hinreißend aus, hatte ihre Haare länger wachsen lassen und hennarot gefärbt und trug ein buntes, tief ausgeschnittenes Blumenkleid. Wir verbrachten die Nacht zusammen.

Als ich am nächsten Morgen im Halbschlaf nach Duisburg auf die Börse zurückkehrte, war ich noch ganz erfüllt vom Klirren ihrer Armreifen, wenn sie auf mir saß oder ich sie von hinten nahm. Ich kam erneut zu spät, weil der Regionalexpress unpünktlich war. Als Dennis mich sah, rannte er auf mich zu und packte mich an den Schultern.

»Sie sind weg!«, rief er atemlos. »Alle drei!«

»Was ist weg?«, fragte ich und unterdrückte ein Gähnen.

»Die Blumen«, schluchzte er. »Gestohlen!«

Mit einem Schlag war ich wach. Ich konnte es nicht glauben – doch die Betonblumen befanden sich weder unter noch auf dem Tisch.

»Hast du schon unsere Standnachbarn befragt?«, erkundigte ich mich.

»Jeden einzelnen«, heulte Dennis auf. »Und keiner will etwas gesehen haben.«

Dennis war einer der ersten Aussteller gewesen, die am Sonntagmorgen den Saal betreten hatten, und hatte sofort entdeckt, dass die Betonblumen fehlten. Von den Fossilien meiner Verwandten fehlte kein Stück.

Mein erster Verdacht fiel auf das Reinigungspersonal. Ich erinnerte Dennis an die Geschichte, als zwei Frauen eine Badewanne von Joseph Beuys irrtümlich sauber schrubbten. Dennis fand die Möglichkeit einer versehentlichen Entsorgung abwegig, trotzdem suchte er mit mir alle Mülleimer und -container vor und in der Halle ab. Vergebens. Wir konnten sogar mit den Putzfrauen reden, die den Saal am Morgen gereinigt hatten: Ihnen waren die Betonblumen nicht aufgefallen.

Als nächstes sprachen wir mit dem Veranstalter der Börse, einem hasenzähnigen Berufsschullehrer. Er zeigte sich hilfsbereit, als Dennis aber erklärte, die Polizei verständigen zu wollen, änderte sich sein Tonfall.

»Ohne Diebstahlsversicherung bringt das doch gar nichts«, sagte er. »Als Veranstalter lehne ich jedenfalls jegliche Haftung ab. In dem Ausstellervertrag wurde extra darauf hingewiesen, dass die Versicherung des Ausstellungsgutes Sache der Aussteller ist.«

Weder Dennis noch meine Verwandten hatten das Ausstellungsgut gegen Diebstahl versichert. Wie hätte man auch den Wert der drei Betonblumen bemessen können?

Dennis rief nicht die Polizei an, stattdessen befragten wir noch einmal unsere Standnachbarn. Ohne Erfolg. Wie zwei Detektive liefen wir durch die Reihen und suchten die Stände nach Hinweisen zum Verbleib der Betonblumen ab, besonders das Männlein mit den Feuersteinen weckte meinen Argwohn. Ich glaubte, in seinem Gesicht Spuren von Schadenfreude entdeckt zu haben. Das Männlein stand hinter einem kleinen Klapptischchen in der vordersten Reihe, in seinem Rücken stapelten sich über dreißig Kisten voll mit Feuersteinen. Doch Dennis glaubte nicht, dass das Männlein etwas mit dem Verschwinden der Blumen zu schaffen hatte.

»Die sind doch viel zu schwer«, schüttelte er den Kopf. »Allein kann man die gar nicht heben.«

»Vielleicht hatte es Helfer?«, schlussfolgerte ich.

»Und was ist mit der Frau, die sich nach den Preisen für die Blumen erkundigt hatte?«, fragte Dennis.

»Du meinst die Frau mit der Perlenkette?«, antwortete ich. »Nein, niemals. Das war eine Lady!«

Uns blieb nur noch eine Hoffnung, dass mein Onkel und meine Tante etwas mit dem Verschwinden der Betonblumen zu tun hatten. Diese Hoffnung zerschlug sich am Abend. Damit stand fest, dass man Dennis bestohlen hatte. Meine Verwandten waren genauso entsetzt wie wir.

»Was ist das nur für eine Welt?«, sagte Dennis und fing an zu weinen. »Die Blumen waren Luckies letzte Hoffnung.«

Der Kunstraub stürzte Dennis in Verzweiflung. Doch die Betonblumen waren erst der Anfang. In den nächsten Monaten sollte noch viel mehr verschwinden.

9 Lucky

Der Sommer war zu warm und viel zu nass, doch Dennis bekam es gar nicht mit. Er hatte nur noch Augen und Ohren für Lucky und zerfloss vor Mitleid wie Butter in einer heißen Pfanne.

Mir tat der Hund auch leid. Lucky quälte sich von Tag zu Tag mehr, und natürlich fand ich es ungeheuerlich, dass man Dennis beraubt hatte. Aber seine Reaktionen waren übertrieben und unangemessen. Die Rollläden in seiner Wohnung blieben Tag und Nacht unten. Dennis saß in seinem dunklen Zimmer und starrte in die Schwärze – sein Leben war lebendiges Totsein. Es war noch viel schlimmer als nach der Trennung von Lily. Dennis drohte der Welt verloren zu gehen.

Dog war der Leidtragende. Und Dennis' Eltern. Sein Verhalten machte ihnen Angst. Sie wussten nicht, was sie tun sollten. Seine Mutter kam täglich vorbei und brachte den dreien Essen. Sie leerte den Briefkasten, ging mit Dog Gassi, wischte am Samstag den Hausflur und wehrte die Bespitzelungsversuche der Frese ab. Es verstrichen immer einige Minuten, bis Dennis auf das Klingeln seiner Mutter reagierte und die Wohnungstür öffnete – in diesen Minuten malte sie sich stets das Schrecklichste aus.

Schließlich baten mich seine Eltern um Hilfe. Ich hatte schon mehrfach versucht, mit Dennis zu sprechen. Wir saßen uns gegenüber, in seinem dunklen Zimmer, ich sah ihn an, redete mit ihm, aber ich erreichte ihn nicht. Zwischen uns erstreckte sich Grönland.

Ich riet zu psychotherapeutischer Hilfe – mein Rat entsetzte seine Eltern. Sie sahen Dennis bereits kahlgeschoren in einer weißen Zwangsjacke auf eine Bahre geschnallt unter Elektroschocks zuckend. Stattdessen taten sie etwas, was mich damals tief bewegte: Sie verkauften ihr Auto, um von dem Erlös Luckys Operation zu bezahlen. Was dieser Schritt für seine Eltern, besonders für seinen Vater, bedeutete, kann man sich kaum vorstellen! Für vierzig Jahre unfallfreies Fahren war Dennis' Vater von der Verkehrswacht mit einer Urkunde und einer goldenen Ehrennadel ausgezeichnet worden, und seine Arbeitskollegen hatten ausgerechnet, dass er im Laufe der Jahre mit seinem Bierwagen bereits die Strecke zwischen der Erde und dem Mond zurückgelegt hatte. Dass Dennis nicht den Führerschein machen wollte, war für seinen Vater bereits eine Riesenenttäuschung gewesen. Und nun wurde für ihn auch noch das Familienheiligtum verkauft ... Ich bin mir sicher, dass seine Eltern ihrem Sohn keine größere Liebeserklärung hätten machen können. Fortan musste sein Vater jeden Morgen eine halbe Stunde früher aufstehen und mit Bus und Bahn zur Arbeit fahren. Auch die regelmäßigen Einkaufstouren seiner Eltern nach Venlo entfielen.

Dennis verlor darüber nur wenig Worte. Er setzte sich sogleich mit einem Tierarzt in Verbindung, der den Kontakt zu einer Spezialklinik im dänischen Aabenraa herstellte. Dennis bat mich, ihn und seine Hunde auf der Reise nach Dänemark zu begleiten – ich konnte ihm diesen Wunsch nicht abschlagen.

Gemeinsam informierten wir uns am Bahnhof nach den Reisemöglichkeiten und waren angesichts der horrenden Preise erschüttert – für die gleiche Summe hätten wir vier auch nach Mallorca fliegen können. Eine preiswerte Alternative fischte ich am selben Tag aus meinem Briefkasten. Auf einem Werbezettel wurde Reklame für eine Tagesreise nach Kolding in Dänemark gemacht, mit dem Bus, für eine lächerliche Summe. In dem Preis enthalten waren sogar ein Handstaubsauger und ein halbes Hähnchen.

»Hast du nicht genau solche Hähnchen damals eingeschweißt?«, fragte ich Dennis und reichte ihm den Reklamezettel. »Das ist bestimmt ein gutes Omen«, orakelte ich.

Telefonisch buchten wir die Reise, zwei Tage später erhielten wir per Post die Bestätigung. Am kommenden Dienstag sollten wir uns frühmorgens an der Bushaltestelle am Bochumer Bahnhof einfinden, dort würde man uns vier dann einsammeln.

Dennis klärte in der Zwischenzeit mit der Klinik in Aabenraa alle Details. Unser Plan war es, in Dänemark den Bus vor Kolding zu verlassen – wenn uns nicht alles täuschte, fuhr der Bus sogar direkt durch Aabenraa. Nach der Operation würden wir dann eine Nacht in dem Ort verbringen und am nächsten Tag zurück ins Ruhrgebiet reisen.

Die Sonne war noch nicht aufgegangen, als wir am Dienstag am Bochumer Bahnhof eintrafen. Der Reisebus wartete bereits auf uns, und der Reiseleiter war baff erstaunt, als ihm Dennis unsere Reisebestätigung in die Hand drückte. Sein Name war Meinolf.

»Aber nennt mich ruhig Manni«, sagte er. »Alle nennen mich Manni, das ist so eine Art Berufskrankheit.«

Meinolf fand meinen und die Namen aller drei Kirchners – *Dennis, L.* und *D.* – in seiner Liste, er strich sie durch, händigte uns insgesamt vier Handstaubsauger und vier eingeschweißte halbe Hähnchen aus und bat uns, im Bus Platz zu nehmen.

Die Reihen waren voll mit alten Menschen, zum Glück entdeckten wir im hinteren Teil des Busses zwei freie Doppelsitze nebeneinander. Lucky und Dog bekamen die Fensterplätze, Dennis und ich nahmen auf den Sitzen zur Gangmitte Platz. Wir unterhielten uns fast die gesamte Fahrt über, es war eines der besten Gespräche, das wir seit Jahren geführt hatten.

Obwohl Dennis noch nie in Dänemark gewesen war, verehrte er dieses Land seit langem. Hauptsächlich deshalb, weil das Wahrzeichen des Landes eine Skulptur ist: »Die kleine Meerjungfrau«. Seine Verehrung für Dänemark ging sogar so weit, dass er vor Jahren hatte Dänisch lernen wollen und sich bei einer Volkshochschule für einen Anfängerkurs eintrug. Sein langfristiger, darauf aufbauender Plan war es, Grundkenntnisse der Sprachen aller an Deutschland angrenzenden Länder zu erwerben, angefangen im Norden, dann im Uhrzeigersinn weiter. Der Dänischkurs kam jedoch nicht zustande, und der große Plan löste sich in Luft auf.

Ich selbst hatte »Die kleine Meerjungfrau« schon mit eigenen Augen gesehen, auf der ersten und einzigen gemeinsamen Urlaubsreise mit Steffi, und war angesichts ihrer winzigen Größe enttäuscht gewesen. Dennis verriet mir daraufhin, warum er selber lieber große statt kleine Skulpturen herstelle.

»Bei kleinen Skulpturen sitze ich da wie ein Uhrmacher«, erklärte er mir, »starre regungslos auf einen Punkt und werde viel zu schnell müde. Bei großen Skulpturen hingegen bin ich ständig in Bewegung. Ich schaue mir das Werk aus der Entfernung an, dann laufe ich hin, ändere etwas und gehe wieder ein paar Schritte zurück. Auf diese Weise lege ich bei jeder Skulptur zig Kilometer zurück, das macht einfach viel mehr Spaß.«

Dennis träumte von einem großen Atelier, einer Halle mit viel Licht – seine Wohnung und die Garage seiner Eltern seien für seine bildhauerische Arbeit eigentlich viel zu klein. Er hatte sich auch nach geeigneten Räumen umgeschaut, doch die angebotenen Räume waren entweder ungeeignet oder viel zu teuer. Nun wollte er sich um ein Aufenthaltsstipendium für Künstler bewerben, in einem Schloss in Mecklenburg-Vorpommern, für sechs bis neun Monate. Es war Erik gewesen, der ihn auf die Möglichkeit aufmerksam gemacht hatte. Das Tolle an dem Stipendium sei, dass man nicht nur eine kleine Wohnung und monatlich Geld erhalte, sondern einem auch ein riesiges Atelier zur Verfügung stehe. Dennis dürfe sogar seine Hunde mit ins Schloss nehmen, er habe sich bei der Verwaltung bereits erkundigt.

»Mark, willst du dich nicht auch für das Stipendium bewerben?«, fragte er mich begeistert. »Schriftsteller sind auch zugelassen. Wäre das nicht klasse, wenn wir zwei gleichzeitig auf dem Schloss wären? Du und ich in der Pampa, allein mit unserer Arbeit?«

»Ja, das wäre toll«, log ich. Mir fielen auf Anhieb eine Handvoll Kommilitoninnen ein, mit denen ich lieber in den Wilden Osten gegangen wäre.

»Wir können uns ja zusammen bewerben«, überlegte ich. »Ich könnte meinen Romananfang hinschicken?«

»Den Betonroman?«, fragte Dennis skeptisch. »Findest du nicht, dass etwas Ernsthaftes besser wäre? Etwas, das mehr an deine Substanz geht.«

»Wieso?«, fragte ich zurück. »Mein Chef findet den Anfang super. Das Komische ist das Schwerste, meint er.«

»Aber dein Chef ist ja auch Buchhändler«, antwortete Dennis. »Ich glaube, der Job tut dir nicht gut. Du musst wieder anfangen, wie ein Schriftsteller zu denken. Früher wolltest du Bücher schreiben, heute willst du Bücher verkaufen.«

Unter anderen Umständen hätte ich mich über diese Sätze geärgert, doch in diesem Moment war ich froh über sie, weil ich mich von Dennis als Schriftsteller ernst genommen fühlte. Und tatsächlich bewarb ich mich kurz darauf um das Stipendium. Allerdings entgegen seinem Rat doch mit den ersten Kapiteln des Betonromans.

Die Alten im Bus hatten uns zunächst misstrauisch beobachtet, doch nach einer Weile verschwand ihr Argwohn. Eine Frau bot uns ein Lakritz an, eine andere ein Stück Rührkuchen, man stellte uns Fragen – doch das Interesse galt gar nicht uns, sondern unseren Begleitern.

»Ach, ist der lieb«, sagte die Frau mit den Lakritzen.

Sie beugte sich über mich, streckte ihren Arm aus und streichelte Dog, der sich kraulen ließ wie das Schoßhündchen eines Modezaren. Nun tauchte auch noch die Rührkuchenfrau neben uns im Gang auf und wollte Lucky kosen. Dennis und ich entschieden uns daher, die Plätze neben den Hunden freizugeben.

Wir setzten uns eine Reihe nach vorn, und hinter uns brachen alle Dämme. Lucky und Dog waren die Stars an Bord, zumindest im hinteren Busteil. Im Gang bildeten sich Warteschlangen, die Stimmung schwappte hoch wie auf einem Volksmusikkonzert, wir hätten für das Streicheln der Tiere sogar Geld verlangen können. Im vorderen Teil des Busses dagegen herrschte Grabesstille. Immer wieder sah ich in Gesichter, die mürrisch und kopfschüttelnd in unsere Richtung blickten.

Mit einer halbstündigen Verspätung erreichten wir die deutsch-dänische Grenze. Der deutsche Grenzposten war nicht besetzt, der Bus hielt direkt vor der dänischen Zollstation, und Meinolf kündigte eine kurze Pause an. Mit einem Zettel in der Hand lief er in das Zollgebäude, ich nutzte die

Gelegenheit, um vor dem Bus eine Zigarette zu rauchen. Dennis, Lucky und Dog stiegen ebenfalls aus und vertraten sich auf dem Parkplatz die Beine.

Nachdem ich meine Zigarette aufgeraucht hatte, stieg ich wieder in den Bus und wartete auf Dennis. Doch der Platz neben mir blieb leer. Nach ein paar Minuten stand ich auf und verließ abermals den Bus. Vor dem Fahrzeug standen Dennis und Meinolf mit zwei dänischen Grenzbeamten.

»Was ist denn los?«, fragte ich.

»Es geht um die Tollwutimpfungen«, erklärte mir Meinolf. »Dein Freund hat nicht die notwendigen Papiere. Die Dänen wollen die Hunde nicht einreisen lassen.«

An unsere Ausweise hatten wir gedacht, nicht aber an die Impfpässe der Hunde. Dennis war ganz blass. Er schilderte den Grenzbeamten Luckys Leiden, erzählte von der bevorstehenden Operation und flehte sie an, Gnade vor Recht ergehen zu lassen.

»Es tut mir leid«, antwortete einer der beiden dänischen Grenzbeamten in akzentfreiem Deutsch, »aber wir müssen uns an die Vorschriften halten.«

Aus dem Inneren des Busses trommelten die ersten Alten ungeduldig gegen die Fensterscheiben. Der Fahrer erschien in der Tür.

»Manni«, rief er, »der Verkauf geht gleich los. Wir müssen weiter!«

Meinolf nahm mich beiseite.

»Du hast es gehört«, sagte er. »Wir müssen los, wir sind

schon viel zu spät dran. Ich kann dir nur anbieten, euch auf dem Rückweg hier abzuholen. So gegen halb acht müssten wir wieder an der Grenze sein.«

Ich nickte. Dann stieg ich in den Bus und holte unsere Rucksäcke. Vor dem Bus standen Dennis und Meinolf immer noch mit den Grenzbeamten zusammen. Als Dennis mich sah, verstummte er. Ich reichte ihm seinen Rucksack. Meinolf verabschiedete sich und stieg ein. Der Bus rollte los und verschwand.

»Sie müssen jetzt zurück auf die deutsche Seite«, sagte einer der Grenzbeamten. Dann drehten sich die beiden Beamten um und liefen in das Zollhaus.

Schweigend schulterten wir unsere Rucksäcke. Dennis nahm die Hunde an die Leine, und wir marschierten zurück zum deutschen Grenzposten.

»Sollen wir auf den Bus warten?«, fragte ich Dennis. »Oder sollen wir versuchen, anders ins Ruhrgebiet zu kommen?«

»Wir können nicht mehr umkehren«, antwortete Dennis. »Ich weiß gar nicht, wo die Impfpässe sind, ich habe Lucky und Dog noch nie impfen lassen. Nein, wir müssen heute nach Dänemark, egal, wie.«

In diesem Moment fuhr ein deutsches Taxi langsam an uns vorbei – der Wagen war frei. Dennis sprang auf die Fahrbahn und ruderte wild mit den Armen. Der Mercedes hielt an, Dennis rannte zu dem Auto.

»Sie müssen uns nach Dänemark bringen«, sagte Dennis atemlos zur Fahrerin. »Geld spielt keine Rolle.«

Er trug fast den gesamten Erlös aus dem Autoverkauf bei sich.

»Nach Dänemark kann ich euch nicht fahren«, erklärte sie uns, »aber zur grünen Grenze. Ich kenne eine Stelle, von dort aus könnt ihr problemlos nach Dänemark laufen.«

Wir stiegen ein und fuhren los. Mir war die Sache nicht geheuer. Nach zwanzig oder dreißig Minuten hielt das Taxi am Ende eines sandigen Feldweges an, inmitten eines kilometerweiten, flachen Weidegeländes.

»So, ihr folgt einfach diesem kleinen Pfad dort, er mündet in einem Dorf, und dann seid ihr schon in Dänemark. Viel Glück!«

Dennis zahlte der Frau das Doppelte von dem, was das Taxameter anzeigte. Der Mercedes wendete und fuhr davon.

»Was ist los mit dir?«, fragte mich Dennis. »Geht es dir nicht gut?«

»Nein, alles klar«, log ich.

Wir folgten dem Pfad, der zunächst immer unwegsamer wurde, bis er sich schließlich doch noch verbreitete. Über uns zogen Vögel vorbei, der Himmel war klar, blau und endlos. Kilometerweit konnten wir über die goldenen Äcker und saftigen Weiden sehen, alles war anders und viel intensiver, die Farben, das Licht, der Wind und die Stille. Dog bellte vor Glück und rannte hin und her.

Unter einem gewaltigen Baum mit einer mächtigen Krone, der einsam aus der flachen Landschaft ragte, machten wir Rast. Es war ein wundervoller, sonniger Sommertag.

Wir aßen einen Schokoriegel, ich hatte noch nie einen besseren gegessen.

Ich hätte ein Gedicht schreiben können – die Landschaft inspirierte mich, viel zu selten bekam ich im Ruhrgebiet so etwas Schönes zu sehen – oder ein Mittagsschläfchen halten können. Ich stand auf und streckte mich, da entdeckte ich in der Ferne einen winzigen Punkt... Einen Punkt, der sich auf uns zubewegte.

»Was ist denn das?«, rief ich.

Dennis sprang auf und schaute in dieselbe Richtung. Wir hörten Motorenlärm. Der Punkt war ein Auto, und das Auto kam immer näher.

»Wir müssen verschwinden!«, schrie Dennis. Er packte seinen Rucksack und pfiff nach den Hunden. Mir wurde schwindelig. Das Auto war eine dänische Grenzstreife.

»Hier lang«, schrie Dennis. Er lief in ein Feld, die Hunde und ich folgten ihm. Das Auto hielt vor dem Baum, ich hörte Rufe, aber drehte mich nicht um. Wir rannten weiter... Plötzlich fiel ein Schuss! Ein Grenzbeamter hatte seine Waffe gezogen und einmal in die Luft geschossen. Ich blieb stehen, Dennis blieb stehen, Dog blieb stehen. Aber nicht Lucky!

Lucky und Dog hatten panische Angst vor Krach – zur Silvesterzeit wurden sie immer ganz feige und kleinlaut. Sobald die ersten Knaller auf der Straße explodierten, trauten sie sich nicht mehr aus der Wohnung. Mitunter bedurfte es stundenlanger Überredungsarbeit, bis die beiden einen Schritt vor die Haustür wagten, um dort schlotternd und im

Eiltempo ihr Geschäft zu verrichten. Ihre Furcht legte sich erst wieder Mitte Januar.

Dog hatte sich auf den Boden geworfen und zitterte am ganzen Leib, Lucky dagegen stand aufrecht, hatte den Kopf gehoben, die Ohren aufgerichtet… Und dann lief er los! Schnurgerade rannte Lucky auf die Beamten zu – als ob er nie Hüftprobleme gehabt hätte.

Die Beamten knieten sich hin. Dennis rief Lucky zurück, doch er gehorchte nicht, wahrscheinlich wollte er uns beschützen. Ein Schuss fiel. Und dann noch ein zweiter.

Lucky stürzte zu Boden und überschlug sich. Dennis rannte zu ihm, warf sich auf die Erde und nahm den Hund in den Arm. Die eine Kugel hatte Lucky im Kopf, die andere in der Brust getroffen.

Lucky starb in Dennis' Armen.

Dennis, Dog und ich wurden verhaftet. Die Beamten fuhren uns in ein dänisches Polizeirevier, die Nacht verbrachten wir in Haft. Dennis und ich teilten uns eine Zelle, Dog bekam eine eigene. Er heulte die ganze Nacht.

Am anderen Morgen wurden wir den deutschen Behörden überstellt. Nach einer kurzen Befragung ließen sie uns frei. Mit dem Zug fuhren wir zurück ins Ruhrgebiet, auf Dennis' Schoß lag ein schwarzer Sack mit Luckys Leiche. Noch am selben Abend haben wir Lucky am Ufer der Emscher begraben. Dennis' »Dunkelphase« begann.

10 96151

Dennis gab sich die Schuld an Luckys Tod und quälte sich. Ich konnte ihm seine Selbstvorwürfe nicht ausreden, allerdings stellte ich mich auch nicht besonders geschickt an. In unseren Gesprächen vermied ich es, Luckys Namen zu erwähnen, ich wollte auch nicht Worte wie »Tod« oder »Sterben« in den Mund nehmen – so als ob das Unglück verschwindet, wenn man es nicht ausspricht.

Es war ein Tanz um den heißen Brei. Eigentlich wollte ich Dennis schonen, ihn aufrichten und auf andere Gedanken bringen, aber aus meinem Mund kam nur warme Luft – Belanglosigkeiten, Durchhalteparolen, Blech. Ich fühlte mich wie ein Politiker beim Schönreden einer Wahlniederlage.

Ausgiebig beschäftigte sich Dennis in dieser Zeit mit den letzten Tagen seines Namensvetters Ernst Ludwig Kirchner. Der Maler hatte seinem Leben mit zwei Herzschüssen ein Ende gesetzt. Serienweise stellte Dennis Betonskulpturen von Patronen her, die er schwarz lackierte und mit Worten und Sätzen versah. »Das Wasser bedeckt die Berge.« »Erbarm dich, erbarm.« »Ich bin der Satan.« Auf allen Patronen war außerdem eine fünfstellige Zahl eingraviert, die Seriennummer der Pistole, mit der sich Ernst Ludwig Kirchner erschossen hatte. Lily, Erik und ich machten uns große Sorgen um ihn.

Dennis arbeitete wieder daheim, in der Dämmerung seiner Wohnung. Die neue Serie nannte er »Von der Hand in den Mund«. Nun verstellten nicht mehr Hundefutterdosen und Kopeken den Platz, sondern Patronen.

Die Ausstellung im Gelsenkirchener Frauenhaus rückte immer näher, ich unterstützte Lily bei den Vorbereitungen so gut ich konnte. Ich schrieb ein mehrseitiges Pressedossier und stellte für die gezeigten Werke Wandtafeln her. Die Ausstellung *musste* ein Erfolg werden, auch wegen Lily, die viel Zeit und Kraft in das Projekt steckte. Es gab so viel zu tun und zu bedenken, immer wieder fielen uns neue Aufgaben ein: Zusätzliche Lichtquellen mussten angebracht, Einladungskarten gedruckt und Getränke für die Eröffnungsveranstaltung besorgt werden. Wir mussten oft improvisieren, ein Budget war quasi nicht vorhanden, das meiste zahlten wir aus eigener Tasche.

In den beiden letzten Wochen vor der Ausstellungseröffnung trafen wir uns jeden Nachmittag im Frauenhaus und arbeiteten bis spät in die Nacht – meist fuhren wir erst mit der letzten Straßenbahn zurück nach Bochum. Lilys Vorlesungen und Seminare hatten noch nicht begonnen, und ich konnte mich für meine schriftliche Abschlussarbeit erst im Oktober anmelden.

Obwohl es seine Ausstellung war, schien sich Dennis nicht groß dafür zu interessieren, er hatte sich noch nicht einmal den Ort angeschaut. Die Liste mit den Skulpturen, die er ausstellen wollte, hatte ich mir auch bei ihm in Wattenscheid abholen müssen. Obwohl er wusste, dass ich kam, hatte er nichts vorbereitet und kritzelte spontan ein paar Namen auf ein Blatt Papier. »Der Körperklaus«, »Kopf, der nur Gift ausspuckt«, »Völlig unerwartet ist wieder ein Montag angebrochen«. Das Hauptaugenmerk der Ausstellung sollte aber auf den Betonblumen liegen. Auch die Entscheidung, in welchen Räumen welche Arbeiten gezeigt werden sollten, überließ er mir.

»Was ist nur los mit dir?«, fragte ich ihn. »Freust du dich denn gar nicht?«

Dennis zuckte mit den Achseln und sah mich ausdruckslos an.

Lily und ich mussten uns immer wieder vor Augen halten, welche schwere Zeit er gerade durchmachte: erst der geplatzte Penis-Auftrag, dann der Kunstraub und schließlich Luckys Tod. Die Ausstellung sollte Dennis aufbauen – und wir wollten ihn mit etwas Besonderem überraschen.

Am Aushang eines Lebensmittelladens hatte Lily eine Verkaufsanzeige entdeckt: Ein gebrauchter, aber funktionstüchtiger Betonmischer war abzugeben, für wenig Geld, ein Profigerät, wie es auch auf Baustellen eingesetzt wird. Obwohl Dennis erst in ein paar Wochen Geburtstag hatte, beschlossen Lily und ich, den Mischer zu kaufen und ihn Dennis am Abend der Ausstellungseröffnung zu schenken. Wir vereinbarten einen Besichtigungstermin, fuhren nach Herne und erwarben den Mischer. Mit viel Verhandlungsgeschick konnte Lily den Preis sogar noch um die Hälfte drücken.

Anschließend schafften wir den Mischer ins Frauenhaus – mit dem öffentlichen Nahverkehr! Der Betonmischer ließ sich zwar leicht rollen, aber machte einen Riesenkrach dabei. Überall, wo wir hinkamen, drehten sich die Leute nach uns um und trauten ihren Augen nicht. Zunächst fuhren wir mit der U-Bahn zum Bochumer Hauptbahnhof, dann mussten wir mit dem Bus weiterfahren und dreimal umsteigen, weil das Gerät nicht durch die Türen der Straßenbahn passte. Der Transport dauerte einen ganzen Nachmittag.

Der Mischer war ungeheuer dreckig und hinterließ auf seinem Weg eine breite Schmutzspur, von Herne bis nach Gelsenkirchen. Natürlich hätten wir auch Erik bitten können, den Mischer mit dem Kastenwagen seines Vaters zu transportieren, aber ich bin froh, dass wir es nicht getan haben. Der Umzug ist eine der verrücktesten Aktionen, die ich je in meinem Leben unternommen habe, es hätte mich nicht gewundert, wenn er am anderen Tag als Schlagzeile in der Zeitung gestanden hätte. Noch heute denke ich oft daran.

Die Säuberung des Mischers hingegen war Schinderei. Zunächst mussten mit Hammer und Meißel die Betonreste entfernt werden, drei Abende lang war ich allein damit beschäftigt. Anschließend säuberten und polierten wir das Gerät, bis es blitzblank glänzte. Am Ende sah der Mischer aus wie neu. Wir rollten ihn in die Abstellkammer und konnten es kaum erwarten, Dennis das Geschenk zu präsentieren.

Erst einen Tag vor der Eröffnung schafften wir die Skulpturen ins Frauenhaus und bauten die Ausstellung auf – die

Räume wurden bis dahin noch anderweitig genutzt, für eine Wanderausstellung über die mächtigsten Friseure der Renaissance. Während Lily und ich die Zimmer im Erdgeschoss frei räumten und die Möbel und Stellwände in den ersten Stock trugen, sollten Dennis und Erik mit einigen Helfern durchs Ruhrgebiet fahren und die Skulpturen in Wattenscheid und bei Dennis' Eltern einladen und zum Frauenhaus bringen.

Früher als erwartet trafen Dennis und Erik ein. Lily führte die beiden durch die Räume, während ich die letzten Dinge nach oben trug. Nach der Besichtigung gingen wir alle hinaus zum Lkw und Erik löste die Plane.

»Wo sind denn die Betonblumen?«, rief ich verwundert, als ich auf der Ladefläche den Betonpenis und die Patronen erblickte. »Und wo ist der Rest?«

»Ich habe nachgedacht«, antwortete Dennis. »Ich zeige doch die neue Serie. Und den Penis.«

»Spinnst du?«, fuhr ich ihn an. »Du kannst doch nicht einen Tag vor der Eröffnung alles ummodeln. Die Pressetexte sind längst verschickt! Und da bin ich ausführlich auf die Betonblumen eingegangen. Die Wandtafeln habe ich auch schon hergestellt.«

Dennis trat meine Arbeit mit Füßen.

»Außerdem reicht das niemals, um drei Räume zu füllen«, rief ich erbost.

»Beruhige dich, Mark«, mischte sich Erik ein. »Wir zeigen einfach noch ein paar Filme von mir. Ich habe das grad mit Dennis im Auto besprochen, das wird ne Supersache.«

Dennis nickte.

Ich war wütend und kurz davor, das Ganze hinzuschmei-ßen. Lily nahm mich beiseite und versuchte mich zu beru-higen. Angeblich fand sie die Filmidee gar nicht schlecht. Ich glaubte ihr kein Wort! Trotzdem blieb ich. Ich konnte Lily schließlich nicht einen Tag vor der Eröffnung im Stich lassen.

Die von ihm angekündigten Helfer hatte Dennis natür-lich nicht besorgt – ich wusste gar nicht, wie Dennis und Erik den Penis in den Lkw bekommen hatten. Wir muss-ten wildfremde Leute auf der Straße ansprechen und um Hilfe bitten. Tatsächlich packten mehrere Männer mit an und trugen den Penis mit uns ins Frauenhaus. Und obwohl nachher alle Männer von oben bis unten schmutzig waren, beklagte sich keiner. Solch eine selbstlose Hilfsbereitschaft findet man wahrscheinlich nur im Ruhrgebiet.

Auf die Schnelle mussten nun auch noch Fernseher, Ab-spielgeräte und Verlängerungskabel besorgt werden, das be-deutete enormen Zusatzstress. Ich fuhr mit Erik nach Duis-burg. Eriks Onkel war Fernsehtechniker und betrieb dort ein Fachgeschäft – für die Dauer der Ausstellung stellte er uns alle Gerätschaften kostenlos zur Verfügung. Dennis und Lily sollten derweil in Gelsenkirchen bleiben und die Ausstellung aufbauen.

Erik und ich fuhren über den Ruhrschnellweg. Die Fahrt dauerte endlos, wir standen mehr als dass wir fuhren. Un-terwegs erzählte mir Erik vom Ende des »E. T.«. Er hatte sei-nen Job verloren, aber das schien ihm nichts auszumachen.

Ich kannte die Nachricht schon, ich hatte Jo ein paar Wochen zuvor an der Uni getroffen. Wir waren zu mir gegangen, hatten Rotwein getrunken und gekifft, doch mehr als Fummeln war nicht drin. Bei dieser Gelegenheit hatte mir Jo auch erzählt, dass das »E. T.« dichtgemacht hatte. Aber erst von Erik erfuhr ich, dass Jo nun auf einem riesigen Haufen Schulden saß. Sie allein, die anderen beiden Fragezeichen nicht. Das läge an der Firmen- und Gesellschaftsform, die Gründe dafür habe ich nicht richtig verstanden, ich hörte aber auch nur mit einem halben Ohr hin.

Für den Rückweg brauchten wir noch länger als für den Hinweg. Es war bereits dunkel, als wir am Frauenhaus ankamen. Lily und Dennis saßen zusammen in der Küche, tranken Tee, unterhielten sich und lachten. Mit der Arbeit und dem Aufbau der Ausstellung hatten sie noch nicht einmal begonnen! Ich machte ihnen Vorwürfe, die sie nicht verstehen wollten. Sie sahen mich an, als wäre ich ein verurteilter Kinderschänder.

Der Aufbau der Ausstellung ging dann erstaunlich schnell, ich gab mir auch keine besondere Mühe dabei. In einem Raum waren der Betonpenis und ein Film von Erik zu sehen, in der Mitte des Raums hatten wir ein üppiges, altmodisches rotes Samtsofa mit goldenen Verzierungen platziert, der andere Raum war den schwarzen Patronen vorbehalten. Im dritten und mit Abstand größten Raum hatten wir in zwei entgegengesetzten Ecken Fernseher aufgestellt, die als Endlosschleife weitere Kurzfilme von Erik zeigten. Der Raum war gleichzeitig eine Art Empfangsraum mit Minibüfett und Getränketisch.

»Wenn du willst, kann ich morgen Abend auch aus meinem Roman vorlesen«, schlug ich Dennis vor. Er lachte und tat so, als ob ich einen Witz gemacht hätte – dabei war mein Vorschlag durchaus ernst gemeint. Die abfällige Art, wie er über meinen Roman sprach, beleidigte mich.

Kurz bevor wir das Frauenhaus verließen, hätte Erik fast noch unsere Überraschung für Dennis zunichte gemacht. Er öffnete die Tür zur Abstellkammer, erblickte den Betonmischer und rief: »Hey, guckt mal, was ist das denn für ein geiles Teil?«

Zum Glück war Dennis nicht in der Nähe. Lily rannte zu Erik und brachte ihn zum Schweigen.

Es hätte mich nicht gewundert, wenn Dennis der Ausstellungseröffnung am nächsten Tag ganz ferngeblieben wäre. Aber er erschien, sogar pünktlich eine Stunde vor der offiziellen Eröffnung, allein, ohne Begleitung.

»Wo ist denn Dog?«, fragte Lily. »Ich hab extra eine Schale mit Wasser in die Küche gestellt.«

»Der übernachtet heute bei meinen Eltern«, antwortete Dennis.

Lily trug das rote, tief ausgeschnittene Kleid, das sie in Paris gekauft hatte. Sie sah hinreißend aus. Dennis dagegen trug dieselben Sachen wie am Vortag. Er setzte sich in die Ecke auf einen Stuhl und las in aller Seelenruhe in einer Zeitschrift namens »Das Geschirrtuch brennt«.

Lily und ich waren furchtbar aufgeregt. Am Nachmittag hatten wir Mineralwasser und Orangensaft und fünfzehn Flaschen Markensekt gekauft. Wir standen hinter dem Getränketisch und füllten bestimmt hundert Plastikbecher – bis keine mehr übrig waren.

Um halb acht erschien die vielleicht fünfzigjährige Leiterin des Frauenhauses, eine auffällige Erscheinung in einem eleganten Hosenanzug mit einem modischen Kurzhaarschnitt, grauen Haaren und einem Doktortitel. Lily stellte der Leiterin Dennis vor. Er blickte von seiner Zeitschrift auf, erhob sich, lächelte und gab der Leiterin die Hand. Dann setzte er sich wieder und las weiter.

Lily führte die Leiterin durch die Räume und erzählte etwas über die ausgestellten Werke. Der Leiterin gefielen die Plastiken von Dennis sehr gut, aber mit den Filmen von Erik konnte sie gar nichts anfangen.

»Das ist nicht lustig, das ist auch nicht kritisch, das ist einfach nur platt und ekelhaft«, meinte sie kopfschüttelnd.

Ich freute mich über ihr barsches Urteil, auch wenn ich die Kritik als übertrieben empfand. Lily jedoch nahm sich die Worte sehr zu Herzen – sie wollte die Freundin ihrer Mutter unter keinen Umständen verärgern.

Um kurz nach acht tauchte Erik im Frauenhaus auf. Im Schlepptau hatte er den furchtbaren Niko, der mir *liebste Grüße von Jo* ausrichtete und dabei unverschämt grinste. Ich war froh, dass Jo nicht mitgekommen war.

Sofort stellte die Leiterin Erik wegen seiner Filme zur Rede. Ich lehnte an der Wand hinter dem Getränketisch, hatte einen fabelhaften Beobachtungsposten und amüsierte mich köstlich. Die Leiterin ließ kein gutes Haar an Eriks Werken. Dennis flüchtete vor dem Gesprächslärm mit der Zeitschrift unterm Arm in einen anderen Raum.

Erstaunlicherweise prallten die Vorwürfe an Erik einfach ab – dass seine Filme pornografisch seien und sexuelle Gewalt reproduzierten, darauf ging er gar nicht ein. Erik wiederholte immer nur, dass zwei seiner Filme zu den Oberhausener Kurzfilmtagen im kommenden Jahr eingeladen worden seien. Am liebsten hätte ich ihn am Kragen gepackt und durchgeschüttelt.

Ich hatte schon einige Becher Sekt intus, als Lily mich zur Seite zog.

»Mark, scheiße«, sagte sie und blickte auf ihre Armbanduhr. »Wir haben schon Viertel vor neun. Und niemand ist da.«

Sie hatte recht. Die einzigen Ausstellungsbesucher neben Niko waren zwei ehrenamtliche Mitarbeiterinnen des Frauenhauses, die sich in die Küche zurückgezogen hatten und Geschirr spülten.

»Wann soll ich denn die Eröffnungsworte sprechen?«, fragte mich Lily.

Ich wusste es nicht und reichte ihr einen Becher mit Sekt. In diesem Moment stürzte ein kleiner, wohlgenährter Mann in Lederjacke und abgewetzten Jeans in den Raum, in der Hand hielt er einen Notizblock, einen Kugelschreiber und das von mir verfasste Presse-Info. Der Mann schaute sich um, zog aus der Hosentasche ein großes kariertes Stofftaschentuch und wischte sich damit den Schweiß aus dem Gesicht.

»Ist das hier die Kunstausstellung?«, schnaufte er.

Alle im Raum nickten. Der Mann war das Haut, Fett und Halbglatze gewordene Klischee eines Lokalreporters – gestern die Taubenzüchter, morgen die Feier der Freiwilligen Feuerwehr. Unser Nicken zauberte ein glückliches Lächeln in sein Gesicht. Lily eilte zu ihm und geleitete ihn zum Getränkestand.

»Möchten Sie vielleicht etwas trinken? Sekt oder Saft?«, fragte sie.

»Kein Bier?«, fragte er zurück und schaute mich an.

Ich schüttelte den Kopf. Der Zeitungsmann machte ein langes Gesicht.

»Dann Sekt.«

Ich reichte ihm einen Becher, er nahm einen Schluck und verzog den Mund.

»Bah, der ist ja schal«, rief er enttäuscht.

»Deshalb geht er auch so gut runter«, antwortete ich fröhlich.

Lily nahm die Ankunft des Zeitungsmenschen zum Anlass, endlich ihre Begrüßungsworte zu sprechen. Sie trieb alle Anwesenden im Empfangsraum zusammen, auch die Frauen aus der Küche, stellte sich in die Mitte des Raums und pflanzte Dennis und Erik links und rechts neben sich.

In knappen, warmen Worten stellte sie Dennis und seine Arbeit vor – alle klatschten! Dann kam sie auf Erik zu sprechen, erwähnte dabei aber gar nicht seine Kurzfilme, sondern betonte nur die Kurzfristigkeit seiner Teilnahme. Von mir bekam er dafür einen Sonderapplaus. Anschließend bedankte sich Lily bei der Leiterin des Frauenhauses, kurzer Applaus, als letztes lächelte Lily mich an und bedankte sich für meine Hilfe.

Nach Lily ergriff die Leiterin das Wort. Sie nahm Dennis in den Arm, hob ihren Sektbecher und rief: »Der Künstler ist anwesend!«

Wir alle stießen miteinander an.

Die Leiterin erzählte sodann die Legende des bildhauernden Königs Pygmalion, der eine Frauenstatue schuf, die so schön war, dass Pygmalion sich in sie verliebte. Aphrodite, die Göttin der Liebe, erweckte die Statue daraufhin zum Leben, und beide heirateten.

»Hoffentlich hört das der Betonpenis nicht und wird lebendig«, rief Erik.

Alle lachten – außer Dennis, der immer noch von der Leiterin umarmt wurde und dabei ein äußerst unglückliches Gesicht machte.

Auch der große Philosoph Jean-Jacques Rousseau, erzählte die Leiterin weiter, habe die Pygmalion-Legende literarisch verarbeitet, in einem Melodram, das im deutschen Sprachgebiet eine neue Theatergattung begründete. Auf Französisch zitierte die Leiterin mehrere Verse aus dem Werk, dabei schaute sie Lily an, und die beiden nickten einander wissend zu. Sie waren auch die Einzigen im Raum, die die Sprache verstanden – obwohl Dennis und ich auf der Gesamtschule drei Jahre lang im Französischunterricht nebeneinandergesessen hatten.

Die nächsten Minuten waren bizarr, denn die Leiterin redete einfach weiter auf Französisch. Sie sprach mit verstellter Stimme, mal tief und dunkel und voller Bass, dann wieder hoch und fiepsig. Lily konnte sich vor Lachen kaum auf den Beinen halten.

»Jede Kunst ist Liebeswerbung, und jeder Bildhauer weiß«, rief die Leiterin plötzlich auf Deutsch aus und drückte Dennis an sich, »wenn man nur einen Hammer hat, sieht alles aus wie ein Nagel!«

Täglich habe sie mit Frauen zu tun, erzählte die Leiterin weiter, die geschlagen und misshandelt werden. Sie berichtete von einer jungen, schwangeren Frau, deren besoffener Freund versucht hatte, ihr im Hinterzimmer einer Spielothek auf dem Billardtisch eine Klobürste einzuführen, in Anwesenheit zweier Kumpels, die das Mädchen an den Armen festgehalten hatten. An diese Geschichte habe sie vorhin denken müssen, als sie den Betonpenis von Dennis das erste Mal sah.

Mir wurde übel, Erik stand der Mund offen, und Dennis lächelte gequält.

Das Frauenhaus bringe Gegensätze zusammen, fuhr die Leiterin fort, und habe deshalb in einer Region wie dieser, die sie so liebe, viele unterschiedliche Aufgaben. Als nächstes zählte sie ein Dutzend Gründe für den missglückten Strukturwandel im Ruhrgebiet auf.

Alle Becher waren leer, und die Anwesenden traten unruhig von einem Bein auf das andere. Das lange Stehen war auch körperlich anstrengend. Ich holte vom Tisch zwei neue Sektflaschen, öffnete sie und ließ die Flaschen in beide Richtungen kreisen.

»Früher wurde im Ruhrgebiet Kohle abgebaut«, sagte die Leiterin, machte eine Kunstpause und zeigte mit dem Finger auf den Zeitungsmann, »und heute Kultur!«

»Bravo, bravo!«, rief Erik und fing an zu klatschen. »Was für ein schöner Schlusssatz!«

Wir alle klatschten sogleich mit und hörten nicht mehr auf. Die Leiterin schaute sich irritiert um. Sie war noch nicht am Ende ihrer Ansprache und versuchte mehrfach, in ihre Rede zurückzufinden – mit vereinten Kräften konnten wir sie daran hindern. Immer wenn die Leiterin Luft holte, um etwas sagen zu wollen, klatschten wir noch lauter und heftiger. Zur Not hätten wir bis zum anderen Morgen weitergeklatscht.

Nach mehreren Fehlversuchen gab die Leiterin endlich auf. Sie hob den Becher und senkte den Kopf, entließ Dennis aus ihrer Umarmung und trat einen Schritt zurück. Wir hatten gesiegt, der Beifall endete jäh! Alle Anwesenden wollten sogleich auseinanderströmen und sich in den angrenzenden Räumen vor weiteren Worten der Leiterin verstecken – doch Lily hielt die Menge zurück.

»Halt, wartet, es gibt noch eine Überraschung«, schrie sie.

Lily nahm mich an die Hand und eilte mit mir zur Abstellkammer. Wir öffneten die Tür und rollten mit lautem

Getöse den Betonmischer nach vorn. Ahs und Ohs erschallten.

»Für dich!«, sagte Lily und umarmte Dennis.

»Alles Gute«, sagte ich und nahm als nächster Dennis in den Arm. Es fühlte sich an, als ob ich ein Bücherregal umarmte.

Der Betonmischer stand schlagartig im Mittelpunkt des Interesses, und die Leiterin verlangte, dass man ihn sofort auf Herz und Nieren prüfte. Eine Mitarbeiterin holte aus der Küche ein Verlängerungskabel und schloss den Mischer ans Stromnetz an. Lily zückte ihren Fotoapparat: Dennis sollte vor dem Mischer posieren und auf den Einschaltknopf drücken, doch er zierte sich. An seiner Stelle betätigte die Leiterin den Schalter. Die Trommel fing an sich zu drehen, und die Leute jauchzten. Ich lief hinter den Getränkestand und verteilte Sektbecher.

Erik und der Zeitungsmann kamen zu mir.

»Tolle Räume«, sagte der Zeitungsmann. »Morgen geb ich hier meine Olle ab.«

Erik lachte. Ich wollte dem Zeitungsmann das Fehlen der Betonblumen erklären, doch das war nicht nötig. Er hatte das Presse-Info gar nicht gelesen.

»Eigentlich arbeite ich in der Anzeigenannahme«, erklärte er mir, »aber da keiner Bock auf die Veranstaltung hatte, haben sie mich geschickt.«

Nachdem Erik und der Zeitungsmann in den nächsten Raum geschlendert waren, kam Dennis zu mir und verlangte Sekt. Ich reichte ihm einen Becher, er schüttelte den

Kopf, nahm eine geöffnete, fast noch volle Sektflasche und zog mit ihr von dannen.

»Wollen wir zwei auf dich anstoßen?«, rief ich ihm hinterher.

Er drehte sich nicht um und gab auch keine Antwort.

Schweigend standen die beiden ehrenamtlichen Mitarbeiterinnen vor dem Betonmischer und starrten wie hypnotisiert in das Innere der sich drehenden Trommel. Die Leiterin unterhielt sich mit Niko – die beiden mussten sich anschreien, um den Lärm des Betonmischers zu übertönen.

Nachdem die beiden Frauen offenbar genug Befehle vom Betonmischer empfangen hatten, verabschiedeten sie sich und gingen. Da ich nicht allein mit der Leiterin und Niko in dem Raum zurückbleiben wollte, verließ ich den Stand und lief durch die Ausstellung.

In dem Patronenraum kauerte Dennis am Boden und las in seiner Zeitschrift. Die Sektflasche lag bäuchlings neben ihm. Dennis trank eigentlich nie Alkohol, er musste die Flasche in einem Wahnsinnstempo geleert haben und furchtbar betrunken sein. Wahrscheinlich hätte ich mich um ihn kümmern müssen, allerdings war Dennis an diesem Abend schon nüchtern unerträglich gewesen, und ich hatte keine Lust, mich von ihm anpöbeln oder beleidigen zu lassen.

In dem Penisraum fand ich die anderen. Erik und der Zeitungsmann saßen auf dem Sofa und diskutierten hitzig die in der Sommerpause getätigten Spielertransfers von

Schalke. Lily stand daneben. Ich gesellte mich zu ihr und hörte den beiden zu.

»Kennst du eigentlich die Parkinson'schen Gesetze?«, fragte mich Lily nach einer Weile.

Ich schüttelte den Kopf.

»Eines heißt«, sagte sie, »dass in Diskussionen nicht die Themen am ausführlichsten besprochen werden, die aktuell wichtig sind, sondern die Themen, von denen die Teilnehmer die meiste Ahnung haben. Voilà, das hier ist der Beweis.«

Mit dem Kopf wies sie auf Erik und den Zeitungsmann. Die beiden unterbrachen ihr Gespräch, schauten hoch und sahen uns an wie zwei Kaninchen – dann steckten sie wieder ihre Köpfe zusammen und philosophierten weiter über Fußball. Lily und ich lachten.

In diesem Moment kam Dennis in den Raum getaumelt und wankte auf uns zu. Ruppig packte er Lily und mich an den Schultern.

»Na, ihr zwei«, lallte er. »Was gibt es zu lachen? Habt ihr zwei Spaß? Schön, dass ihr zwei Spaß habt. Wenigstens ihr beide habt euren Spaß.«

»Oh, Dennis«, sagte ich und befreite mich aus seinem Griff, »ich glaube, du hast zu viel getrunken.«

»Oh, Dennis, ich glaube, du hast zu viel getrunken«, äffte er mich nach und bohrte mir seinen Finger in die Brust. »Und ich glaube, dass du ein Kackfreund bist!«

Erik und der Zeitungsmann verstummten schlagartig.

»Dennis, bist du verrückt geworden?«, rief Lily und stellte sich zwischen uns.

»Vorsicht«, rief Dennis, »komm mir bloß nicht zu nah! Sonst kriegst du wieder Ausschlag. Ich bin nämlich unrein! Unrein! Unrein!«

Dennis zog aus der Hosentasche seinen Schlüsselbund. Wie auf einer Prozession lief er langsamen Schritts mit dem Schlüsselbund klimpernd aus dem Raum und rief immer wieder: »Unrein! Unrein!«

In der Tür begegnete er der Leiterin und Niko, die beiden schauten ihn verwundert an. Dennis wünschte den beiden eine gute Nacht und verschwand.

Lily wollte Dennis hinterherlaufen, doch ich hielt sie zurück.

»Der Künstler geht schon?«, fragte die Leiterin.

»Sieht ganz so aus«, antwortete ich.

»Es ist ja auch spät«, meinte die Leiterin. »Ich werde jetzt ebenfalls den Heimweg antreten.«

Die Leiterin verabschiedete sich von Lily und mir und drückte uns beide an sich.

»Geniale Idee, das mit dem Betonmischer«, sagte sie.

Anschließend umarmte sie Niko und küsste ihn links und rechts auf die Wange, dann schüttelte sie dem Zeitungsmann die Hand. Erik war ebenfalls aufgestanden und streckte die Hand aus. Die Leiterin ignorierte sie.

»Sie werden niemals einen Menschen lieben können«, sagte sie zu ihm, drehte sich um und ging.

Man kann zu Eriks Filmen stehen, wie man will, und ich hatte auch oft Schwierigkeiten mit seiner Art – aber das war ein Schlag unter die Gürtellinie. Der Satz war ungerecht und böse, die Leiterin hatte damit eine Grenze überschritten. Ich konnte es nicht glauben. Erik war ganz bleich und wandte sich mit Tränen in den Augen ab. Wir alle waren wie gelähmt. Sogleich war ich nüchtern.

»Ich hol dir mal einen neuen Sekt«, sagte ich zu Erik.

»Lass mal, Mark«, antwortete er. »Ich hau jetzt ab.«

Niko und der Zeitungsmann schlossen sich Erik an. Lily und ich brachten die drei zur Tür. Es war ein kurzer, freudloser Abschied.

Nachdem wir allein waren, verriegelten wir die Tür. Ich nahm eine Flasche Sekt. Lily und ich setzten uns auf das Sofa neben den Betonpenis.

»Was für ein Abend«, seufzte Lily. »Was für ein Fiasko.«

Ich ließ den Sektkorken knallen, wortlos wanderte die Flasche hin und her.

»Gibt es eigentlich noch weitere Parkinson'sche Gesetze«, fragte ich Lily nach einigen Minuten des Trinkens und des Schweigens.

»Ja, eines«, antwortete sie mit geschlossenen Augen. »Arbeit dehnt sich genau in dem Maße aus, wie Zeit für ihre Erledigung zur Verfügung steht, egal, wie komplex die Arbeit ist. Du kannst einen Brief in einer Viertelstunde schreiben, hast du aber zwei Stunden dafür Zeit, brauchst du auch zwei Stunden.«

Wir schauten uns an, dann umarmten und küssten wir uns. Ich half Lily aus dem roten Kleid. Sie trug keine Unterwäsche und war glatt rasiert. Vor zwei Jahren hatte sie sich noch nicht einmal die Achselhaare entfernt.

140

Wir hatten Sex auf dem Sofa. Lilys Stöhnen und Schreie hallten durch das Frauenhaus. Nachdem wir miteinander geschlafen hatten, lagen wir schweißüberströmt und Arm in Arm nebeneinander. Keiner sagte ein Wort. Erst jetzt achtete ich wieder auf die Umgebung, und immer deutlicher vernahm ich die Pornodialoge aus Eriks Filmen und den Krach des Betonmischers aus dem Nebenraum.

11 Schall und Rauch

Vielleicht wäre es nicht bei diesem einen Mal geblieben, und es hätte sich mehr zwischen Lily und mir entwickeln können, wenn ich nicht kurz darauf Katharina kennengelernt hätte.

Katharina war neu in meinem Prüfungskolloquium. Wir hatten in demselben Jahr mit dem Studium angefangen, dieselben Fächer gewählt und bei denselben Dozenten Seminare belegt – trotzdem lernten wir uns erst am Ende unseres Studiums kennen.

Nach der Kolloquiumssitzung aßen wir gemeinsam eine Stehpizza im Uni-Center, anschließend gingen wir in meine Lieblingsstudentenkneipe, die »Vorlesung«. Das Lokal besaß den Charme eines Partykellers und befand sich im Erdgeschoss eines Studentenwohnheims. Katharina kannte es gar nicht. Es gab einen Tischkicker, gute Musik und eine gigantische Whisky-Auswahl fast zum Selbstkostenpreis. Doch an diesem Abend wollte ich hellwach sein und keinen Augenblick unseres Gesprächs verpassen. Kurz zuvor waren die Türme des World Trade Center eingestürzt, ich trank noch nicht einmal Bier.

Nachdem die »Vorlesung« geschlossen hatte, gingen wir zu Katharina. Sie teilte sich mit einer Freundin eine Wohnung in der Universitätsstraße, aus dem Fenster ihres Zimmers konnte man den Hochbunker und das Straßenbahndepot sehen.

Wir setzten uns einander gegenüber auf ihre Bettcouch und redeten bis zum frühen Morgen. Bis dahin hatte ich geglaubt, dass sich bloß Gegensätze anziehen, dass nur Reibung Wärme erzeugt. Aber ich hatte mich wohl geirrt, und diese Erkenntnis traf mich wie ein Stromschlag.

Ich war fasziniert davon, wie ähnlich Katharina und ich dachten und fühlten. Wir wollten nicht reich werden oder berühmt – sondern *glücklich*. Es war das erste Mal, dass ich über meine Ängste und Wünsche sprach, wahrscheinlich war es sogar das erste Mal, dass ich ernsthaft über meine Zukunft nachdachte. In Katharina hatte ich meine Seelenverwandte gefunden, obwohl ich gar nicht an Seelenverwandtschaft glaubte.

Am frühen Morgen schliefen wir ein, Fuß an Fuß, in eine riesige Steppdecke gehüllt. Wir wurden gleichzeitig wach, frühstückten, dann musste Katharina eine Bücherliste für ihren Professor abtippen. Ich nahm ein Buch aus dem Regal, setzte mich auf ihre Bettcouch und schlug das Buch auf, schaute aber gar nicht hinein, sondern betrachtete die ganze Zeit Katharina, wie sie am Schreibtisch saß und arbeitete. Es war ein schöner, beruhigender Anblick, der mir vollkommen vertraut erschien.

Nachdem sie mit ihrer Arbeit fertig war, machten wir einen langen Spaziergang durch den Stadtpark, liefen zum Bismarckturm und schlenderten durch den Tierpark. Am

Nachmittag kehrten wir in ihre Wohnung zurück, kochten und aßen gemeinsam. Am Abend war Katharina mit Freunden zum wöchentlichen Volleyballspielen verabredet. Ich brachte sie zur Turnhalle, vor der Tür verabschiedeten wir uns. Und obwohl wir uns noch nicht einmal geküsst hatten, wussten wir beide, dass wir von jetzt an ein Paar waren. Ich fuhr mit der U-Bahn nach Hause und konnte vor Glück nicht schlafen.

Am Morgen nach unserer ersten gemeinsamen Liebesnacht entdeckte Katharina beim Frühstück in der Zeitung einen Artikel über die Ausstellung von Dennis. Er war nicht lang, zwei Spalten im Lokalteil, und stammte vom kugeligen Schalke-Fan. *Der Penis im Frauenhaus.* Es war kein Glanzstück, auch keine richtige Kunstkritik, eher eine Aufzählung der Fakten – doch der Text war nicht schlechter als die anderen Artikel im Blatt.

Ich rief sofort Dennis an und las ihm den Artikel vor. Zwischen uns war wieder alles in Ordnung. Am Tag nach der Ausstellungseröffnung hatte er mich angerufen, sich für sein Verhalten am Vorabend entschuldigt und sich für das Geschenk bedankt. Mit Erik hatte er auch schon einen Termin ausgemacht, um den Betonmischer im Frauenhaus abzuholen und nach Wattenscheid zu bringen.

Ich war gespannt, wie sich der Mischer in Dennis' Wohnung machen würde, doch noch mehr freute ich mich darauf, Katharina und Dennis einander vorzustellen. An seinem Geburtstag wollten wir Dennis zum Essen einladen und sein Leibgericht kochen, Königsberger Klopse. Katharina war eine hervorragende Köchin und hatte sich von ihrer Mutter extra das Familienrezept geben lassen. Doch Dennis hatte für seinen Geburtstag schon andere Pläne – Lily wollte mit ihm den Tag im »Phantasialand« verbringen.

Dennis liebte Freizeitparks. Dabei begeisterte er sich gar nicht für die Fahrgeschäfte, sondern nur für die Kulissen. Vom »Traumlandpark« mit seinem Märchenwald und den riesigen Dinosaurierplastiken hatte er mir schon oft vorgeschwärmt. Noch mehr aber hatte ihn als Kind die Miniaturstadt »Minidomm« beeindruckt, mit den maßstabsgetreuen Nachbauten des Brüsseler Atomiums, des schiefen Turms von Pisa oder der Tower Bridge in London.

Im »Minidomm« hatte ich einige der langweiligsten Tage meiner Kindheit verbracht. Zum Park gehörte das Lieblingsrestaurant meiner Eltern, und ich hatte den Eindruck, jeden dritten Tag dort gewesen zu sein. Langwierige Schäden habe ich zum Glück nicht davongetragen, im Gegensatz zu Dennis. Er war nur einmal im »Minidomm« gewesen, der Besuch hatte allerdings schicksalhafte Folgen.

Wie Gulliver in Liliput war Dennis durch die Miniaturstadt gestapft und hatte sich die winzigen Kirchen, die putzigen Straßen, die lächerlich kleinen Schlösser und die mickrigen Denkmäler angesehen. Wie *klein* die Welt doch war … Und wie *groß* sein Fuß, seine Hand, ja selbst der Daumen! Diese Erkenntnis hatte sich in den kleinen Dennis eingebrannt und zur Folge, dass er ein paar Jahre später unter geheimem Zwang überdimensionale Skulpturen von Gliedmaßen herstellte – alles nur wegen »Minidomm«! Dennis fand meine Interpretation bezaubernd und erzählte sie gern weiter.

Er schlug vor, dass Katharina und ich Lily und ihn an seinem Geburtstag ins »Phantasialand« begleiten sollten. Ich war von der Idee gar nicht angetan. Seit der Ausstellungseröffnung hatte ich mit Lily nicht mehr gesprochen. Wir hatten zwar vereinbart, Dennis nichts von dem Sofa-Vorfall zu erzählen, ich wusste aber nicht, wie Lily auf Katharina reagieren würde. Und umgekehrt. Außerdem fuhr Katharina am darauffolgenden Tag zu einem Didaktik-Workshop nach Polen und musste vor ihrer Abreise noch viele Dinge erledigen. Ich sagte daher ab, auch weil ich wusste, dass Dennis keinesfalls enttäuscht war, den Tag in Brühl allein mit Lily zu verbringen.

Gern hätte ich Katharina nach Polen begleitet. Der Workshop interessierte mich nicht, aber der Ort. Das Seminar fand in einer Begegnungsstätte statt, in dem sich im Zweiten Weltkrieg zahlreiche Nazigegner versammelt hatten. Ich versuchte mich für die Studienfahrt nachträglich anzumelden, aber alle Plätze waren bereits vergeben. Ich musste aber nicht traurig sein, nach Katharinas Rückkehr wartete ein ganz besonderes Geschenk auf uns.

Ich hatte Katharina meinen Eltern bereits vorgestellt, und sie hatten sie sofort in ihr Herz geschlossen. Meine Eltern waren so begeistert von ihr, dass sie uns spontan eine Urlaubsreise schenkten, obwohl Katharina und ich erst seit ein paar Tagen zusammen waren. Es war ihr vorgezogenes

Examensgeschenk, wir konnten auch sofort verreisen, um vor der anstehenden Prüfungszeit zu entspannen und Luft zu holen. Katharina wollte das teure Geschenk nicht annehmen, doch zu dritt konnten wir sie überreden. Es sollte mein erster Strandurlaub ohne meine Eltern werden, und ich zählte bereits die Stunden bis zum Abflug. Drei Tage nach Katharinas Rückkehr würden wir für zwei Wochen nach Teneriffa fliegen.

Am Morgen nach Dennis' Geburtstag trafen sich die Teilnehmer der Studienfahrt am Bochumer Hauptbahnhof. Ich brachte Katharina zum Bus, danach machte ich mich auf den Weg nach Wattenscheid.

Dennis wartete bereits an der Haltestelle auf mich, bleich wie ein entblättertes Fischstäbchen. Dabei wusste er gar nicht, mit welchem Bus ich kommen würde! Ich nahm ihn in den Arm und gratulierte ihm.

»Was ist los?«, fragte ich ihn. »Du bist ja ganz aufgeregt!«

»Erik hat vorhin angerufen«, antwortete Dennis. »Gleich kommt ein Fernsehteam ins Frauenhaus. Sie wollen einen Bericht über die Ausstellung drehen. Wir müssen sofort hin.«

Seine Aufregung war ansteckend, und auf einmal schlug auch mein Herz wie wild.

Dennis hatte noch nichts gefrühstückt, er war schon wieder pleite. Von dem Geburtstagsgeld, das ihm seine Eltern gestern Morgen geschenkt hatten, hatte er Lily am Abend in ein japanisches Restaurant eingeladen. An der Trinkhalle auf der gegenüberliegenden Straßenseite kaufte ich zwei

Schokokussbrötchen und einen Kakaotrunk für ihn, und bevor unser Bus kam, hatte Dennis die beiden Brötchen bereits verschlungen.

Beim Fahrer erstand ich für Dennis einen Fahrschein, ich wollte nicht, dass er schwarzfuhr – das hätte meine Nervosität unnötig gesteigert. Wir setzten uns in die letzte Reihe des Busses, ich fragte Dennis, wie sein Geburtstag im »Phantasialand« gewesen sei, aber als Antwort erhielt ich nur ein kurzes Brummeln.

Um ihn auf andere Gedanken zu bringen, erzählte ich vom »Kreisauer Kreis«, von Katharinas und meinen Urlaubsplänen und der Pfeifsprache, die man auf La Gomera sprechen soll. Dennis hörte mir zwar zu und nickte, aber er war mit seinen Gedanken ganz woanders. Am Ende wären wir fast eine Haltestelle zu spät ausgestiegen.

Vor dem Frauenhaus wartete Erik auf uns, auch ihm merkte man die Aufregung an. Er trug einen eng geschnittenen braunen Anzug, den ich noch nie an ihm gesehen hatte, ein schwarzes, sorgsam gebügeltes Oberhemd und zwei auffallend verschiedenfarbige Socken. Vor nicht einmal zwei Stunden hatte er einen Anruf der TV-Produktionsfirma »Schall und Rauch« aus Köln erhalten, die Beiträge für verschiedene Sender produzierte, unter anderem für ein bekanntes Kulturmagazin im öffentlich-rechtlichen Programm, meine Lieblingsfernsehsendung.

Ein Jurymitglied der Oberhausener Kurzfilmtage hatte die Produzenten auf Eriks Schaffen aufmerksam gemacht, im Rahmen eines Beitrags über aktuelle Erotikkunst sollte nun über seine Filme berichtet werden. Erik erzählte der Redakteurin, mit der er telefonierte, von seiner Ausstellung im Frauenhaus und erwähnte dabei auch den Betonpenis von Dennis. Die Stimme der Frau überschlug sich danach vor Begeisterung.

Das sei ja genial, freute sie sich, auch darüber würde man gern berichten, allerdings sei Eile geboten, zum Anrecherchieren bliebe keine Zeit mehr, der Dreh müsse am Nachmittag im Kasten sein. Das Team würde sich unverzüglich ins Auto setzen und nach Gelsenkirchen fahren, Erik solle sofort ins Frauenhaus kommen und den Bildhauer mitbringen, O-Töne seien für den Beitrag unverzichtbar. Nach dem Telefonat hatte Erik dann direkt Dennis verständigt.

»Erotikkunst?«, hatte Dennis fragend gesagt und dabei das Gesicht verzogen.

»Erotikkunst«, antwortete Erik triumphierend. »Was sonst? Keusche Kunst ist keine Kunst!«

Erik war froh, dass die Leiterin des Frauenhauses an diesem Tag frei hatte. Später erfuhren wir, dass sie zu diesem Zeitpunkt in Hamburg weilte, für ein Vorstellungsgespräch. Und tatsächlich zog sie ein paar Wochen später in die Hansestadt, obwohl ihre neue Stelle weniger anspruchsvoll und schlechter bezahlt war.

Kurz nach unserer Ankunft hielt ein türkisfarbener Kombi mit Kölner Kennzeichen vor dem Frauenhaus, und drei Männer und eine Frau stiegen aus. Dennis, Erik und ich liefen zu ihnen, um sie zu begrüßen.

Der Erste, der aus dem Auto geklettert kam, hieß Niklas.

Er war hager, hoch aufgeschossen, trug einen hellen Leinen-
anzug, ein rosafarbenes Hemd und weiße Turnschuhe wie
der Bär aus dem Kinderfernsehen. Er war Mitte dreißig bis
Anfang vierzig, sonnenbankbraun und ein paar Jahre älter
als die anderen. Er hatte ein eingefallenes Gesicht, dunkle,
nach hinten gekämmte und gegelte Haare und einen blei-
stiftdünnen Schnurrbart. Er war der Tonangeber und mir
auf Anhieb unsympathisch.

»Der hat ja ne crazy Brille«, sagte er und zeigte mit dem
Finger auf Dennis' Brille mit dem gesprungenen Glas. »Ist
das ne Ray-Ban? Oder ne Persol?«

Niklas grinste wie in einer Zahnpastawerbung und
steckte die Hände in die Hosentaschen.

»Geschenkt. Das hier ist Andy«, sagte Niklas und wies
mit dem Kopf in Richtung seiner Begleiter, »der Kamera-
mann. Jörg, der Tonfritze. Und das ist Sammy, meine Assistentin.«

Sammy strahlte uns mit ihren großen grünen Augen an.

»Wir haben vorhin miteinander telefoniert«, sagte sie
und reichte uns die Hand zur Begrüßung.

Andy und Jörg nickten kurz hinüber, dann liefen sie zum
hinteren Teil des Autos und öffneten die Heckklappe. Niklas
klatschte in die Hände.

»Showtime, Jungs«, rief er. »Zeigt mir mal die Sexkunst.
Und Sammy, hilf den beiden doch mal beim Ausladen!«

Wir liefen mit Niklas ins Frauenhaus und führten ihn
durch die Ausstellungsräume. Er lachte, als er den Betonpenis sah.

»Lustiger Knochen«, rief er. »Sieht aus wie ne Bürste.«

Ich blickte Dennis an – er verzog keine Miene, doch in seinen Augen funkelte ein Höllenfeuer.

»Und was ist das da?«, fragte Niklas, als er die schwarzen Patronen im Nebenraum erblickte. »Zäpfchen?«

Mit der Schuhspitze tippte er gegen eine der am Boden liegenden Patronen, dann lief er zur Wand und nahm die Texttafel in Augenschein.

»Von der Hand in den Mund«, las er laut vor. »Hähä, so hätte ich ja das andere Teil genannt!«

Inzwischen hatten auch die anderen die Ausstellungsräume betreten. Andy hatte die Kamera geschultert, Jörg das Mikrofon an der Mikrofonangel befestigt.

»Niklas, wir sind fertig«, rief Sammy.

»Wurde auch Zeit«, sagte Niklas und winkte Erik mit einer Handbewegung zu sich. »Fangen wir mit dir an.«

Das Ganze sollte mit einer lockeren Befragung beginnen, zum Warmwerden. Niklas und Erik positionierten sich im großen Raum an ein Fenster neben einen der beiden Bildschirme, die Eriks Filme zeigten, und Niklas stellte Erik mehrere Steckbrieffragen. Wie er heiße, wie alt er sei, wo er geboren wurde, seit wann und warum er solche Filme drehe… Erik antwortete knapp und präzise, trotzdem war die Befragung eine zähe Angelegenheit, denn Erik musste jede Antwort bestimmt ein dutzendmal wiederholen, weil immer irgendetwas nicht stimmte. Mal rumpelte ein Lastwagen auf der Straße vorbei, mal hatten sich die Lichtverhältnisse verändert, ein anderes Mal hatte Erik zu sehr mit dem Kopf gewackelt oder die Augen beim Reden geschlossen. Erst nach anderthalb Stunden waren alle Antworten aufgezeichnet.

Im Interview hatte Erik auch sein Picasso-Zitat untergebracht, Niklas wollte den Satz als *Opener* inszenieren: Zunächst sieht man eine flimmernde Szene aus einem von Eriks Filmen – die Szene wird direkt vom Bildschirm abgefilmt –, dann schraubt sich von unten langsam Eriks Kopf in die Bildmitte. Er ist erst im Profil zu sehen, der Kopf dreht sich so lange nach oben, bis Erik den Zuschauer frontal anschaut und seinen Satz abfeuert: »Kunst, die keusch ist, ist keine Kunst!«

Der Fernseher musste für die Aufnahme höher gestellt werden, Dennis und ich waren froh, dass wir nun auch eine Aufgabe hatten. Aus einem Tisch und zwei Stühlen bauten wir ein Gerüst, auf dem wir den Fernseher platzierten. In der Zwischenzeit schaute sich Niklas im Schnelldurchlauf einige von Eriks Kurzfilmen an und wählte die Szene aus, in die sich der Kopf schieben sollte.

Der Dreh begann. Erik kniete unter dem Fernseher, richtete sich auf, drehte sich ins Bild und sagte seinen Spruch auf. Er hatte seine Sache gut gemacht, fand ich, doch Niklas war unzufrieden.

Die Szene musste wiederholt werden, nicht einmal, sondern unzählige Male. Nach jedem Fehlversuch musste der auf dem Bildschirm gezeigte Kurzfilm neu zurückgespult werden, das war umständlich und zerrte an den Nerven. Niklas gab keine klaren Anweisungen und wurde immer ungerechter. Mal fand er Eriks Bewegungen zu ruckartig, mal zu schnell, mal zu langsam.

Erik hatte von der dauernden Hockhaltung schon Knieschmerzen, und Dennis wurde immer bleicher. Seit der Ankunft des Filmteams hatte er kein Wort gesagt.

Als sich Erik bei einem Versuch verhaspelte und »Kunst, die keusch ischt« sagte, bekam Niklas einen Wutanfall. Er schrie Erik an, direkt ins Gesicht, aus keinem halben Meter Entfernung. Dann trat er mit dem Fuß gegen den Fernsehturm. Das Gerüst wackelte, Dennis sprang zum Fernseher und hielt ihn fest – ohne sein Eingreifen wäre der Apparat auf den Boden geknallt.

»Scheißkonstruktion«, fauchte Niklas, machte eine verächtliche Handbewegung und drehte sich um.

Ich konnte Niklas' Benehmen nicht länger ertragen, ging in den Nebenraum und plumpste auf das Samtsofa.

Sammy war mir gefolgt, lächelnd nahm sie neben mir Platz. Auf dem Platz, dort, wo Lily saß, kurz bevor wir miteinander geschlafen hatten.

»Mein Gott, Sammy«, stöhnte ich, »ich hätte nicht gedacht, dass Fernsehmachen so grausam ist!«

»Ich auch nicht«, lachte Sammy. »Ich heiße übrigens Julia.«

Ich schaute sie überrascht an.

»Nur Niklas nennt mich Sammy«, klärte sie mich auf. »So hieß seine erste Praktikantin. Und da wir ständig wechseln und Niklas keinen Bock hat, immer neue Namen zu lernen, nennt er uns alle Sammy.«

»Praktisch«, sagte ich. »Habt ihr denn wenigstens eine eigene Nummer? Sammy eins, Sammy vier, Sammy dreizehn?«

Julia schüttelte den Kopf. Ich erzählte von meinem alten Biologielehrer Herrn Klose, der ein hervorragendes Zahlengedächtnis hatte, sich aber keine Namen einprägen konnte und uns deshalb zu Beginn eines Schuljahres einfach durchnummerierte und fortan so ansprach.

Julia glaubte mir kein Wort. Dann erzählte sie mir, dass sie in Köln Kulturwissenschaften studiert und ihr Studium bereits abgeschlossen hatte – obwohl sie zwei Jahre jünger war als ich. Sie wohnte aber immer noch bei ihren Eltern und hangelte sich von Praktikum zu Praktikum, dieses war bereits ihr viertes. Als Lohn bekam sie eine Aufwandsentschädigung, die noch nicht einmal die Kosten für ihre Fahrkarte und das Mittagessen in der Kantine abdeckte.

»Auch Andreas und Jörg sind nur Praktikanten«, verriet sie mir. »Der Einzige, der fest angestellt ist und richtig viel Asche verdient, ist Niklas. Ich hab mal seine Abrechnung gesehen. Das ganze System basiert auf Ausbeutung!«

»Und wie heißen Andreas und Jörg wirklich?«, fragte ich.

»Natürlich Andreas und Jörg«, antwortete Julia. »Niklas weiß ganz genau, mit wem er wie umspringen darf. Nach oben buckeln, nach unten treten.«

Ihre Wangen waren leicht gerötet, es stand ihr gut. Die Farbe passte perfekt zu ihren grünen Augen, ihrer keramikweißen Haut und ihrem pinkfarbenen Lippenstift. Julia sah aus wie eine Zirkusartistin. Sie beugte sich vor und sprach leise in mein Ohr. Ich musste direkt in ihren Ausschnitt blicken.

»Niklas ist ein Schleimer«, vertraute sie mir an. »Und ein Arschloch. Er schnüffelt herum, sucht das Haar in der Suppe und beleidigt jeden. Am Anfang habe ich mich noch gefragt, warum. Vielleicht hatte er eine Scheißkindheit, oder sein Schwanz ist zu kurz. Inzwischen ist es mir egal. Niklas benimmt sich wie ein Arschloch, weil er ein Arschloch ist.«

Julia trug einen rosafarbenen Spitzen-BH, ihre Brüste hoben und senkten sich bei jedem Atemzug.

»In zwei Wochen stehe ich wieder auf der Straße«, sagte sie, und ihre Stimme wurde lauter. »Dabei habe ich mir echt den Arsch aufgerissen. Und was bekomme ich als Dank dafür? Ein Arbeitszeugnis, das ich auch noch selber schreiben muss. Das ist doch krank. In seinen Traumberuf reinschnuppern, sich bewähren und später übernommen werden, das war die Grundidee, davon ist doch nichts mehr übrig. Wir Praktikanten werden doch alle nur ausgenutzt.«

Ich nickte. Julia erzählte von einem Praktikumsplatz bei einem Radiosender, den sie deshalb nicht bekommen hatte, weil ihre Sportnote auf dem Abiturzeugnis zu schlecht war.

»Scheiße, du!«, rief sie. »Ich habe ein Einserabi, ich habe ein Jahr lang in London studiert und spreche auch noch fließend Spanisch, und dann kommt so eine Brillenschlange daher und sagt mir ab, weil ich im Volleyball in der Schule mal eine Vier hatte. Aber wir sind ja auch selber Schuld, selbst wenn man für ein Praktikum bezahlen müsste, würden wir noch Schlange stehen!«

»Unglaublich«, sagte ich. »Ich würde dich sofort einstellen.«

Julia schaute mich an, lehnte sich zurück und lächelte. Mit den Füßen streifte sie ihre Schuhe ab, zog ihre langen Beine auf dem Sofa an und umschlang sie mit ihren Armen. Ihr Blick fiel auf den Betonpenis.

»Ist das echt ein Schwanz?«, fragte sie mich.

Ich nickte.

»Dein Freund ist nicht gerade eine Plaudertasche?«

»Stimmt«, antwortete ich. »Im Kindergarten hielt man ihn für einen Autisten.«

Julia streckte einen Arm aus, schloss die Augen und glitt mit der Hand langsam über die Betonoberfläche.

»Was sind das eigentlich für Hubbel?«, fragte sie mich.

»Keine Ahnung«, antwortete ich. »Eine Bekannte vermutet Smegma.«

Jäh zog Julia die Hand zurück – als ob der Penis ein Krokodilmaul gewesen wäre, das nach ihr geschnappt hätte!

»Das ist ja ekelhaft«, kiekste sie mit weit aufgerissenen Augen und sprang auf. Ich hielt ihre Reaktion für einen Scherz.

»Bah, und ich habe das angepackt«, sagte sie mit weinerlicher Stimme, schüttelte sich und schlüpfte hastig in ihre Schuhe. Dann eilte sie aus dem Raum und suchte Schutz bei den anderen.

Nach einer Schrecksekunde stand ich auf und folgte ihr. Im Nebenraum hörte sich Julia derweil mit gesenktem Kopf die Standpauke von Niklas an – er strafte mich mit einem verächtlichen Blick.

»Willst du denn noch in zwanzig Jahren das Papier im Kopierer wechseln?«, schnauzte Niklas sie an und wandte sich dann an Andreas und Jörg. »Egal, wir machen jetzt Schluss mit dem Vogel hier, das hat keinen Sinn mehr. Wir nehmen dann doch den ersten Take. Ich brauche jetzt erst einmal eine Stärkung.«

»Ich besorg uns was«, rief Julia beflissen und griff nach den Autoschlüsseln auf der Fensterbank.

»Wo gibt es denn hier den besten Espresso?«, fragte sie Dennis.

»Äh, vielleicht bei Tchibo«, antwortete Dennis mit dünner Stimme nach einer langen Pause.

Julia starrte Dennis entgeistert an, die Kölner lachten laut und hämisch. Kopfschüttelnd verließ sie das Frauenhaus.

»Soll ich dich begleiten?«, rief ich ihr hinterher.

Julia drehte sich nicht einmal um.

Während wir auf ihre Rückkehr warteten, plante Niklas die nächsten Einstellungen. Er wollte *Action*. Dennis sollte bei der Arbeit gefilmt werden und deshalb mit Hammer und Meißel am Betonpenis rumhämmern.

»Ich will nicht noch so eine Mumie interviewen«, tönte er.

Der Einfall war eine Schnapsidee. Zum einen hätte das die vollendete Plastik beschädigt, zum anderen war das Werk ein Abguss, an dem man nicht nachträglich rumhämmern konnte. Niklas stand kurz vor dem nächsten Wutausbruch.

Erik versuchte ihn zu beschwichtigen und erwähnte den

Betonmischer, der in Dennis' Atelierwohnung in Wattenscheid stehe und ein idealer Blickfang sei. Niklas musste nicht lange nachdenken.

»Okay, Jungs«, entschied er. »Einpacken!«

Andreas filmte noch kurz über Dennis' Plastiken, dann packten er und Jörg die Sachen zusammen. Als sie fertig waren, kehrte Julia mit einem Tablett und vier Pappbechern ins Frauenhaus zurück.

»Das hat ja Ewigkeiten gedauert«, empfing sie Niklas.

»Tut mir leid«, entschuldigte sich Julia. »Es gab auch keinen Espresso. Ich habe uns Milchkaffee besorgt.«

»Den kippen wir im Auto«, erklärte Niklas. »Und jetzt avanti, auf nach Watt-en-Scheiß, das alles hat schon viel zu lange gedauert.«

Gemeinsam liefen wir hinaus. Die Gerätschaften wurden im Wagen verstaut. Erik musste Niklas alle Kurzfilme aushändigen, und Niklas versprach, die Filme am nächsten Tag von einem Boten zurückbringen zu lassen. Dann stieg Julia als erste hinten in den Kombi.

»Du kommst in die Mitte«, sagte Niklas zu Dennis, »und ihr beide müsst hierbleiben, die Karre ist voll.«

Erik und ich schauten Dennis an, er hob hilflos die Hände.

»Wir telefonieren später«, sagte Dennis und verschwand im Wageninnern. Jörg nahm neben ihm Platz, Niklas setzte sich auf den Beifahrersitz, Andreas ans Steuer.

Der Motor wurde angelassen, und der Kombi fuhr davon. Julia hatte sich gar nicht von mir verabschiedet. Dennis drehte sich um und winkte durch die Heckscheibe. Er wurde immer kleiner. Es war eine Szene wie aus einem Entführungsfilm, in dem man das Opfer zum letzten Mal lebendig sieht. Dann war der Wagen verschwunden. Schweigend liefen Erik und ich zurück ins Frauenhaus.

Später am Abend telefonierte ich mit Dennis. Die Aufnahmen in Wattenscheid hätten noch viele Stunden gedauert und seien furchtbar anstrengend gewesen, erzählte er, er müsse sich jetzt erst einmal erholen. Am nächsten Abend hatte ich auf einer Lesung im Bergbaumuseum einen Büchertisch zu betreuen, am übernächsten Tag feierte meine Urgroßtante in großer Runde ihren achtzigsten oder neunzigsten Geburtstag… Daher verabredeten wir uns für den darauffolgenden Tag, dann wollten wir über alles in Ruhe reden.

Ich fuhr am Nachmittag zu ihm, es war ein ungewöhnlich schöner und warmer Herbsttag. Wir spazierten zu unserer Lieblingseisdiele und gönnten uns jeder eine Eiswaffel mit fünf Kugeln – die Eisdiele war abgelegen und die Preise fast noch so wie in unserer Kindheit.

Kaum waren wir in Dennis' Wohnung zurückgekehrt, rief Erik an. Er hatte ein paar Minuten zuvor mit »Schall und Rauch« in Köln telefoniert, um sich zu erkundigen, wann er endlich seine Filme zurückbekäme. Bei dieser Gelegenheit hatte er in einem Nebensatz erfahren, dass der Filmbeitrag noch am selben Abend ausgestrahlt werden würde – in einem Erotikmagazin auf einem Privatsender!

»Hätte ich nicht zufällig da angerufen«, empörte sich Erik, »hätte ich das überhaupt nicht mitgekriegt.«

Eine Stunde später stieß Erik zu uns. An einer Tankstelle kauften wir Sekt und Bier. Als die Sendung um kurz vor elf begann, waren wir sturzbetrunken. Dennis hatte die erste Flasche Sekt allein geleert und bereits die zweite Flasche geöffnet. Wir saßen im Schneidersitz vor dem winzigen Schwarz-Weiß-Fernseher, und ich war so aufgeregt wie bei einem Fußballweltmeisterschaftsfinale mit deutscher Beteiligung. Der Betonmischer wirkte in dem Zimmer gigantisch und nahm fast die Hälfte des Raums ein – ich hatte kaum Platz, mein Bier zu öffnen.

Die Sendung begann mit einem Beitrag über eine männliche Domina, einen sogenannten *Domino*. Als nächstes wurde über den gescheiterten Sexrekordversuch einer Abiturientin aus Niedersachsen berichtet, die zweihundert Männer nacheinander oral befriedigen wollte, mittendrin aber einen Kreislaufkollaps erlitt und in ein Krankenhaus eingeliefert werden musste.

»Meiner Chrissi wäre das nicht passiert«, lachte Erik schmutzig. »Die hat Übung!«

Nach der Werbepause kündigte der als Frau verkleidete Moderator den nächsten Beitrag an.

»Das Ruhrgebiet ist nicht nur für seine Zechen und Fußballvereine bekannt«, flötete er, »das Ruhrgebiet ist auch die Hauptstadt der Sexkunst. Lernen Sie jetzt den Mann kennen, für den es nichts Größeres als Penisse und Vaginas gibt.«

»Jetzt bist du dran«, lachte ich und boxte Dennis in die Seite.

»Was?«, schüttelte Dennis den Kopf. »Das ist doch Quatsch!«

Die Bochum-Hymne von Herbert Grönemeyer erklang, die Fernsehbilder zeigten einen Förderturm, qualmende Fabrikschlote, das Ruhrstadion, eine Trabrennbahn, Taubenschläge und bierbäuchige Männer in weißen Unterhemden. Eine Frauenstimme – ich hätte schwören können, dass es die Stimme von Julia war – begann zu sprechen: »*Bochum-Wattenscheid. Heimat von Kumpels, Malochern, Arbeitslosen und Türken. In dieser Stadt wohnt Dennis Kirchner, achtundzwanzig Jahre alt, Beruf: Bildhauer. Sex ist sein Leben.*« Nun kam Dennis ins Bild und sagte: »Es ist einfach was Wunderbares!«

Dennis sprang auf. »Das habe ich überhaupt nicht gesagt«, schrie er. »Das ist total aus dem Zusammenhang gerissen!«

Die Stimme im Fernsehen redete weiter: »*Dennis Kirchner ist Autist. Er hat Schwierigkeiten, mit anderen Menschen zu kommunizieren. Er lebt in seiner eigenen Welt und interessiert sich nur für seine Kunst. Für seine Sexkunst! Dennis Kirchner stellt Skulpturen von menschlichen Geschlechtsorganen her, aus Beton. Hier sehen wir ihn beim Bemalen einer riesengroßen Vagina.*«

Das Fernsehbild zeigte Dennis, wie er zum Schein eine seiner bunten Betonblumen mit einem unbenutzten Pinsel bestrich. Dazu sagte er: »Ich liebe die Schönheit des Kleinen, die Perfektion des Winzigen.«

Als Bildunterschrift wurde sein Name eingeblendet und dazu die Bezeichnung:

Autistischer Peniskünstler

Dennis kreischte wie ein Schulmädchen. Vor Wut wollte er den Fernseher austreten, aber Erik und ich hielten ihn zurück.

Es folgte ein Parforceritt durch dreitausend Jahre »Sexkunst«-Geschichte. Von der schlüpfrigen Vasenmalerei der Antike über das Skandalgemälde »Der Ursprung der Welt« hin zu den unterkühlten Aktfotografien Helmut Newtons und dem Pornokitsch von Jeff Koons und seiner italienischen Ehefrau. Unterlegt wurden die Bilder von einem französischen Stöhnschlager.

Dann war wieder Dennis an der Reihe. Julia sprach: »*Auch Dennis Kirchner ist ein Sexbesessener. Er weiß: Keusche Kunst ist keine Kunst. Sein Atelier ist voll mit Skulpturen von Geschlechtsteilen und Sexreliquien. Stachelige Schwänze, gigantische Brüste, verkohlte Tampons, alles grotesk verformt. Der Künstler kennt keine Tabus. Seine Werke sind international begehrt und erzielen Höchstpreise.*«

Erik und ich schauten Dennis fragend an, er zuckte hilflos mit den Schultern. Zu den Sätzen wurden mehrere von Dennis' Arbeiten gezeigt – und ein hautfarbener Latexdildo.

Aus dem Off richtete Julia eine Frage an Dennis: »*Herr Kirchner, Sie arbeiten grundsätzlich nur mit echten Modellen zusammen, Männern und Frauen. Kommt es da nicht häufig zu intimen Annäherungen und sexuellen Kontakten?«*

Auf dem Bildschirm sah man Dennis, er dachte lange nach, dann antwortete er: »Das stört mich nicht. Im Gegenteil.«

Man erkannte sofort, dass die Szene eine Montage war. Die Bildunterschrift aber schlug dem Fass endgültig den Boden aus:

Dennis Kirchner
liebt Pimmelkäse

Die Worte im Fernsehen raubten uns den Atem, entsetzt starrten wir auf den Bildschirm. Das war geschmacklos und ekelhaft! Dennis sackte in sich zusammen.

Damit endete der Beitrag. Der verkleidete Moderator machte eine schmunzelnde Bemerkung und kündigte den nächsten Beitrag an, einen Bericht über ein Penismuseum auf Island. Dann wurde ein Ausschnitt aus einem Musikvideo von Björk gezeigt.

»Was für eine Schrottsendung«, regte ich mich auf. »Zum Glück guckt das niemand!«

Kaum hatte ich den Satz gesagt, klingelte auch schon das Telefon, gleichzeitig schellte es an der Wohnungstür. Dennis zog das Telefonkabel aus der Buchse, im Hausflur stand die Frese und hämmerte mit der Faust gegen die Tür. Dennis sei ein Ferkel, ein Perversling, ereiferte sie sich, sie hätte es immer gewusst, sie werde die Polizei anrufen und sich bei der Hausverwaltung beschweren, im Haus lebten schließlich kleine Kinder!

Ich hatte mich geirrt: Die Sendung musste an diesem Tag eine sensationelle Einschaltquote erzielt haben – zumindest im Ruhrgebiet. Jeder schien den TV-Beitrag gesehen zu haben. Dennis wurde von Wildfremden auf der Straße angesprochen, plötzlich meldeten sich uralte Spielkameraden bei ihm, und im Supermarkt tuschelte man hinter seinem Rücken.

Selbst ich wurde in den nächsten Tagen und Wochen und Monaten mehrfach auf meinen Freund, den Sexkünstler, angesprochen. Sogar meine achtzig- oder neunzigjährige Urgroßtante hatte den Beitrag gesehen. Ich weiß gar nicht, warum es so viele Fernsehsender gibt, wenn alle nur das Gleiche schauen.

Wegen Erik mussten wir die Sendung bis zum Ende gucken, es war eine Qual. Als der Abspann lief, wäre ich an seiner Stelle erleichtert gewesen, doch Erik war tief enttäuscht, in der Sendung nicht erwähnt worden zu sein. In den nächsten Jahren verpasste Erik keine Sendung und schaute sich sogar alle Wiederholungen an – immer in der Hoffnung, doch noch in dem Magazin aufzutauchen. Wäre die Sendung nicht eines Tages abgesetzt worden, Erik würde sie noch heute schauen.

»Die haben einfach mein Picasso-Zitat verwurstet, ohne meinen Namen zu nennen«, ärgerte er sich. »Das ist doch viel schlimmer.«

»Willst du mich verarschen?«, fuhr ihn Dennis an. »Autist, Peniskünstler, Pimmelkäse! Wie kommen die nur auf so einen Scheiß?«

»Beruhig dich«, antwortete Erik. »Du weißt doch, jede Presse ist gute Presse.«

Trotzdem versuchte Erik ein paar Sätze später Dennis anzustacheln, die Produktionsfirma zu verklagen.

»Aber das bringt doch nichts«, entgegnete ich genervt. »Die haben doch alle ein Heer von Anwälten. Und selbst wenn Dennis vor Gericht gewinnt, was einmal in der Welt ist, bleibt auch da.«

»Am liebsten würde ich den Kasten einbetonieren«, sagte Dennis und starrte auf die Mattscheibe, in der sich sein Gesicht spiegelte. Doch es waren nicht Fernseher, die Dennis in Beton begraben sollte, sondern etwas viel Wertvolleres.

12 Der Künstler ist abwesend

Kurz nach Katharinas Rückkehr aus Polen flogen sie und ich nach Teneriffa. Am liebsten hätte ich Dennis auch in ein Flugzeug gesetzt – allerdings in ein Flugzeug mit einem anderen Ziel. Nach all den Schicksalsschlägen und Grausamkeiten war er noch erholungsbedürftiger als ich.

Unser Hotel auf Teneriffa war drittklassig – trotzdem hatten wir einen Traumurlaub. Die meiste Zeit lagen wir händchenhaltend am schwarzen Sandstrand und konnten unser Glück nicht fassen. Wahrscheinlich hätten wir auch auf dem Mond einen Traumurlaub verleben können.

Als wir wieder in Bochum waren, wäre ich am liebsten nie mehr in meine Wohngemeinschaft zurückgekehrt. Ich verbrachte die Nacht bei Katharina und fuhr erst am nächsten Morgen nach Querenburg. Alle meine Mitbewohner waren ausgeflogen, auf meinem Schreibtisch lag ein Brief. *Sehr geehrter... Wir freuen uns... Ihnen auf Empfehlung der Jury... ein sechsmonatiges Arbeitsstipendium... in Höhe von... zu gewähren!*

In den Händen hielt ich die Zusage für das Schriftstellerstipendium, auf das ich mich mit einem Auszug meines Mafiabetonromans beworben hatte – ich hatte die Bewerbung längst vergessen. Tausend Dinge schossen mir durch den Kopf, ich war glücklich und stolz, und immer wieder musste ich an einen Satz von Erik denken: »Wer einmal ein Stipendium erhalten hat, bekommt immer wieder eins.«

Auf dem Brief standen auch die Namen derjenigen, die mit mir gefördert wurden. Dennis' Name war nicht dabei. Ich wusste, dass er sich trotzdem für mich freuen würde, und machte mich sogleich auf den Weg zu ihm, hoffend, dass sich der Rummel um seinen TV-Beitrag in der Zwischenzeit gelegt hatte.

Ich fuhr mit der Straßenbahn nach Wattenscheid, stieg aber nicht in den Bus um, sondern lief den Rest der Strecke. Fröhlich gestimmt spazierte ich durch die Kleingartenanlage. Am Ende des Schotterwegs, vielleicht drei Meter von mir entfernt, hockte am Boden ein Eichhörnchen auf seinen Hinterbeinen und trank aus einer Pfütze. Ich ging in die Knie, beobachtete das Eichhörnchen, im Hintergrund erkannte ich bereits Dennis' Haus und etwas Orangefarbenes davor, das wie ein Betonmischer aussah.

Ich erhob mich und lief zum Haus, das Eichhörnchen huschte mit einer einzigen flinken Bewegung auf einen Baum und verschwand. Vor dem Haus stand tatsächlich der Betonmischer. Die Rollläden in Dennis' Wohnung waren heruntergelassen, ich klingelte, aber niemand öffnete mir. Ich ging um das Haus herum, doch auch die hinteren Rollläden der Wohnung waren geschlossen. Erneut betätigte ich die Türklingel, wieder vergebens.

Ich dachte nicht lange nach und klingelte bei der Frese. Sie öffnete mir, ohne die Gegensprechanlage zu benutzen –

wahrscheinlich hatte sie mich die ganze Zeit schon hinter ihren Vorhängen beobachtet.

»Sie kommen wegen dem Ding da draußen?«, rief sie und trat einen Schritt aus ihrer geöffneten Wohnungstür. »Das muss weg, da kommt kein Kinderwagen mehr dran vorbei!«

»Nein, nein«, sagte ich und erzählte der Frese, dass ich gerade erst aus dem Urlaub gekommen sei und eigentlich Dennis besuchen wolle.

»Der ist schon weg«, klärte sie mich auf. »Heute früh fuhr ein Laster mit fünf Kerlen vor, die haben einen Riesenkrach gemacht und alles eingepackt. Nur einen Fernseher und das Monstrum da draußen haben die hiergelassen. Den Fernseher hab ich genommen, aber das andere Teil kann ich nicht gebrauchen.«

»War mein Freund auch dabei?«, erkundigte ich mich. »Hat er gesagt, wohin er will?«

»Nee«, antwortete die Frese. »Ich hab ihn natürlich gefragt, aber der hat nur blöd gegrinst. Der ist doch nicht ganz astrein!«

Mit dem Finger tippte sich die Frese an die Stirn.

»Ich hab dann sofort die Hausverwaltung angerufen«, fuhr die Frese fort, »die wussten schon von der Kündigung. Ich hab alles klargemacht, in zwei Monaten zieht da jetzt meine Tochter ein.«

Unwillkürlich hatte ich Mitleid mit der Tochter, obwohl ich sie gar nicht kannte.

»Nehmen Sie das Teil mit?«, fragte mich die Frese, und

der Unterton in ihrer Stimme machte deutlich, dass sie nur eine Antwort zuließ.

Ich nickte.

»Also zackig!«, sagte sie, ging zurück in ihre Wohnung und schloss hinter sich die Tür.

Ich lief auf die Straße, die Frese beobachtete mich von ihrem Küchenfenster aus und machte seltsame Gesten. Ich konnte den Mischer nicht auf dem Gehweg stehen lassen, es war nur eine Frage der Zeit, bis ihn jemand mitgenommen hätte.

Also packte ich den Mischer an beiden Griffen und rollte ihn die Straße hoch. Es war anstrengend und machte einen Höllenlärm – um weniger aufzufallen, ging ich wieder durch die Kleingartenanlage.

Das war eine schlechte Idee. Der Mischer ließ sich auf dem Schotterweg kaum bewegen. Ich kam jeweils nur zwei, drei Meter voran, dann musste ich eine Pause machen. Ich schwitzte fürchterlich. Auf dem Ast eines Baums saß das Eichhörnchen und beobachtete mich. Plötzlich verließ mich all mein Mut, und ich ließ den Mischer einfach stehen.

Sonnenbrand

Die Galaxien bewegen sich auseinander,
umso schneller, je weiter sie
voneinander entfernt sind.

DENNIS

13 Postskriptum

Fast drei Jahre sah ich Dennis nicht wieder, trotzdem blieben wir die ganze Zeit über in Kontakt. Und dabei lernte ich eine Seite an ihm kennen, von der ich bis dahin nichts gewusst hatte und die mich überraschte: Dennis war ein fleißiger Briefeschreiber.

Bestimmt einmal im Monat bekam ich Post von ihm, mindestens eine Karte, meist aber mehrere Seiten lange Briefe. Seine Schrift war klein und präzise, alle Punkte und Striche ordentlich gesetzt, jeder Bogen rund und jeder Kreis vollendet. Dass man mit so großen Händen so fein schreiben kann, verblüfft mich noch heute.

Noch erstaunlicher war allerdings das, was er schrieb. Seine Sprache war seltsam maniert und voll eigentümlicher Vergleiche. Dennis schilderte keine Ereignisse, er bildete vielmehr Stimmungen ab.

An seinem dreißigsten Geburtstag schrieb er mir einen langen Brief, der so begann: »*Heute ist der Tag der deutschen Einheit, gleichwohl spüre ich allein das Auseinanderfallen meiner Person. Alles fließt, nur ich ruhe still wie eine Truhe voll Dukaten auf dem Grund des Marianengrabens.*«

Dennis übertrieb oft, mal zogen sich »*pechschwarze, vierzehn Tage alte Regenwolken*« über seinem Kopf zusammen, ein anderes Mal versetzte ihm ein Anruf die »*ü-Tüpfelchen seiner Trübsal*«. In seinem Wunsch, alles genau zu beschreiben, steigerte er sich oft zu sehr in die Dinge hinein. »*Das Frühjahr ebbte so dahin. Stunden kamen, Tage gingen, formten Monate. Ich war bloß ein einsames Stück Holz, das auf seichten Wellen untätig herumschwappte und bisweilen an den Strand des Lebens gespült wurde, dort unberührt liegen blieb, um doch nur wieder von einer Flut erfasst zu werden und zurückzukehren in das gleichförmige Strömen des Meeres ohne Dauer.*«

Anfangs noch wenige, später immer mehr Briefe waren auf Hotelbriefpapier geschrieben. Die Städte wechselten häufig, Stuttgart, München, Basel, Mailand. Mal ging es um eine Ortsbesichtigung für eine geplante Ausstellung, mal traf er sich mit Kunsthändlern oder Sammlern. Oft erfuhr ich den Grund seiner Reise auch gar nicht – dafür schrieb er seitenlang über das Wetter.

Seit seiner Trennung von Lily war Dennis immer wortkarger und eigenbrötlerischer geworden. In seinen Briefen stand jedoch der alte Dennis vor mir, der mich immer wieder mit wunderlichen Geständnissen überraschte: »*Erotik und ich, wir sind ein Paar wie Kain und Abel. Im letzten Jahr habe ich einmal den Beischlaf vollzogen, die Frau hat mich regelrecht vergewaltigt. Der ganze Akt inklusive An- und Ausziehen vollzog sich während zweier Titel einer Kuschelrock-CD, es war ein mieses Essen in schlechter Gesellschaft.*«

Ein Knoten schien geplatzt zu sein – nach Jahren des Schweigens sprudelte es aus Dennis heraus. Dennis schrieb viel über Vergangenes, seine letzten Jahre im Ruhrgebiet, eine Zeit, in der er ziemlich »parterre« war, wie er es ausdrückte. Doch seine Rückblicke blieben seltsam abstrakt, sein Verhältnis zu Lily thematisierte er nicht – obwohl er sich in jedem seiner Briefe nach ihr erkundigte.

Wenn er über die Gegenwart schrieb, dann nur über Arbeit. Es klang nicht mehr nach der schönsten Sache der Welt: »*Wer schon einmal von einer Lawine überrascht und überrollt wurde und endlose Zeiten unter finstern Schneemassen begraben lag, der weiß, wie einsam und eintönig die bildhauerische Betätigung sein kann. Und wer als Kind unaufhörlich allein mit und gegen sich selbst Tischtennis spielte, ahnt in etwa, wie selbstbezogen der Schaffensprozess ist.*«

In solchen Passagen stand mein alter Freund unverändert vor mir, fest entschlossen, sein Leben der Kunst zu opfern.

Seine Briefe füllen einen ganzen Schuhkarton, und noch immer hole ich sie regelmäßig hervor und lese in ihnen. Es sind Selbstgespräche, die keinen direkten Empfänger zu haben scheinen – und doch entdecke ich darin auf jeder Seite Sätze und manchmal bloß einzelne Worte, von denen ich weiß, dass sie nur für mich bestimmt sind, weil ich allein den Sinn dahinter verstehe. Mal ist es eine Anspielung auf einen alten Lehrer oder eine nicht mehr existierende Bäckerei – sogar die Frese taucht in den Briefen regelmäßig auf.

Dennis' Schreiblust war das Gegenteil von meiner – ich habe ihm höchstens eine Handvoll Briefe geschickt. Ich besitze keine Kopien von ihnen, doch ich bin sicher, dass sie sich im Vergleich so spannend lesen wie Einkaufszettel.

Statt Briefe zu schreiben wollte ich lieber telefonieren. Um ein Gespräch in eine Richtung lenken und Fragen stellen zu können – auf viele Dinge ging Dennis in seinen Briefen gar nicht ein. Ich wollte wissen, wie er lebt. Und wovon. Ob er Freunde gefunden hat.

Drei Jahre lang habe ich mehr mit seinem Anrufbeantworter als mit ihm gesprochen. Wenn er anrief, dann fast immer zu unmöglichen Zeiten, nach Mitternacht oder Sonntagfrüh. Dennis lebte in den Tag hinein und schien manchmal nicht zu wissen, in welcher Stadt er übermorgen aufwachen wird. Er kam mir vor wie ein Spielball von höheren Mächten, der sich nicht dafür interessiert, in welche Richtung er geworfen wird.

Ich war zu stolz, um ihm hinterherzurennen. Sein wortloser Abschied aus Wattenscheid hatte mich verletzt. An dem Tag seines Umzugs hatte ich mit seinen Eltern gesprochen, auch sie standen vor einem Rätsel. Sie wussten nicht, woher Dennis das Geld für den Umzug genommen und wieso er seine Wohnung Hals über Kopf verlassen hatte. Er hatte seinen Eltern nur gesagt, dass er nach Berlin ziehen würde und sie sich keine Sorgen machen sollten. Eine Adresse oder Telefonnummer hatte er nicht hinterlassen, dafür aber Dog.

Ich wartete auf eine Erklärung von Dennis – und ich musste lange warten. Noch nicht einmal Weihnachten hielt er es für nötig, sich zu melden. Von Tag zu Tag wuchs meine Enttäuschung. Auch Lily hatte noch kein Lebenszeichen von ihm erhalten. Erst nach mehreren Monaten bekam ich den ersten ellenlangen Brief von ihm, der mehr Fragen aufwarf als Antworten lieferte.

Immerhin hatte ich nun eine Adresse und schrieb ihm eine kurze, wütende Postkarte zurück; wenige Tage später rief er mich an. Er entschuldigte sich für sein Verhalten, dann endlich erzählte er mir die Geschichte seines Umzugs.

»Du erinnerst dich noch an die Fossilienmesse«, fragte er mich, »wo meine Betonblumen geklaut wurden?«

»Klar«, antwortete ich.

»Da war doch eine Frau, die sich für die Betonblumen interessiert hatte«, sagte Dennis. »Ich hab gar nicht mit ihr gesprochen, aber du.«

»Stimmt.« An die vornehme Dame in dem schwarzen Kostüm konnte ich mich noch lebhaft erinnern.

»Als du im Urlaub warst«, fuhr Dennis fort, »hat mich diese Frau angerufen, Brigitte Caumann. Sie wollte mehr über mich und meine Arbeit wissen.«

»Woher hatte die denn deine Nummer?«, fragte ich ihn.

»Von den Fernsehfritzen«, erklärte mir Dennis. »Brigitte hatte diesen schrecklichen Peniskunstbericht gesehen, die Betonblumen wiedererkannt und sich dann meine Nummer besorgt. Vier Stunden am Stück haben wir miteinander telefoniert, ich habe ihr mein ganzes Herz ausgeschüttet. Du weißt ja, wie dreckig es mir damals ging. Der Tod von Lucky und diese Fernsehgeschichte, außerdem litt ich immer noch unter der Trennung von Lily. Brigitte wollte mir helfen und riet zu einer Luftveränderung. Ich sollte Abstand zu allem gewinnen, auch räumlich. Sie bot mir an, in ihrer Eigentumswohnung in Berlin zu wohnen. Kostenlos, die Wohnung stand sowieso leer.«

»Das hat sie dir einfach so am Telefon angeboten«, fragte ich ungläubig, »ohne dich zu kennen?«

»Sie kannte doch die Blumen. Und sie bot mir noch mehr an«, fuhr Dennis fort. »Brigitte meinte, dass ich mir keine Sorgen machen solle, sie werde sich um alles kümmern, sie sei seit ein paar Jahren Witwe, und ihr Mann habe ihr genug Geld hinterlassen. Und dann ging alles ganz schnell. Sie hat ein Umzugsunternehmen engagiert, ich habe die Wohnung gekündigt, und zack war ich in Berlin.«

»Aber warum hast du dich nicht gemeldet?«, fragte ich Dennis. »Wir haben uns schreckliche Sorgen gemacht.«

»Ich weiß«, antwortete er leise, »aber ich musste das alles erst einmal verdauen. Ich habe viele neue Leute kennengelernt, aus der Kunstszene. Maler, Musiker, Galeristen, wir waren auch viel unterwegs. In Paris, in Nizza und Sevilla, die Stadt ist unglaublich! Es ist so viel passiert, und ich wollte mir Zeit nehmen, um dir davon in Ruhe zu erzählen.«

Das war eine schwache Ausrede und überhaupt kein Trost. Dennis schien gar nicht zu begreifen, wie sehr er meine Gefühle verletzt hatte.

»Na, prima«, sagte ich. »Und jetzt wohnst du in Berlin und lässt dich von dieser Frau Caumann aushalten?«

»Brigitte hat einige meiner Werke gekauft«, sagte Dennis nach einer langen Pause. »Aber lass uns nicht nur von mir reden. Wie geht es dir? Erik hat mir erzählt, dass du das

Künstlerstipendium bekommen hast. Wow, super, ich gratuliere!«

»Du hast mit Erik gesprochen?«, fragte ich zurück.

»Nur kurz«, antwortete Dennis – trotzdem war ich beleidigt.

Die Entscheidung, das Schriftstellerstipendium nicht anzutreten, war mir nicht leicht gefallen, aber der Zeitpunkt war einfach ungünstig. Ich stand kurz vor meinem Examen und hatte mich schon zu den Prüfungen angemeldet. Ich hätte alles abblasen müssen, da man den Antrittsbeginn des Stipendiums nicht verschieben konnte. Und ob ich nach dem Stipendium wieder Tritt gefasst und mein Studium abgeschlossen hätte, diese Frage konnte ich nicht mit Sicherheit beantworten. Immer wieder musste ich an Julia denken, Max' Assistentin und Fußabtreter, die sich von einem Praktikum zum nächsten hangelte, sich krumm machte, kaum über die Runden kam und noch bei ihren Eltern wohnte – und das nur, um in ihrem Traumberuf zu arbeiten.

Das Stipendium hätte zudem eine lange Trennung von Katharina bedeutet – und das wollte ich nicht. Mir war die Zweisamkeit mit ihr wichtiger als mein schriftstellerischer Ehrgeiz und ein paar Zeilen in meinem Lebenslauf. Aus diesen Gründen hatte ich das Stipendium abgesagt. Dennis zeigte Verständnis dafür und lud mich am Ende des Telefonats zu sich nach Berlin ein.

»Bring ruhig Katharina mit«, sagte er, »meine Wohnung ist groß genug. Und traumhaft gelegen. Von meinem Balkon aus kannst du die Spree sehen und das Berliner Ensemble,

gleich nebenan wurde übrigens ›Die Mutter‹ von Brecht ur-
aufgeführt. Du magst doch Wasser!«

Trotzdem verspürte ich erst einmal keinen Drang,
Dennis in Berlin zu besuchen, mir reichten die gelegentli-
chen Telefonate und seine eigenartigen Briefe. Ich arbeitete
auch schon an der Hausarbeit für meine Staatsprüfung – im
Grunde genommen hatten Katharina und ich sogar zwei
Hausarbeiten zu schreiben, ihre und meine… Auch das
machten wir zusammen.

Nach der Abgabe der Arbeiten hatten Katharina und ich
zwar Zeit, aber keine Lust, die Sommertage in der Groß-
stadt zu verbringen. Wir wollten in der Natur sein und un-
ternahmen eine lange Radtour auf dem Emsradweg, von
der Quelle bei Bielefeld bis zur Mündung in die Nordsee.
Über achthundert Kilometer sind wir geradelt, haben ge-
zeltet und auch einen langen Abstecher in die Niederlande
gemacht. Ich fühlte mich stark und unwiderstehlich wie der
Endgegner aus einem Computerspiel.

In Emmen habe ich dann das letzte Mal gekifft. Nach
einer anstrengenden Etappe gönnte ich mir einen Joint, bekam Kreislaufprobleme und wurde kurzzeitig ohnmächtig.
Katharina kümmerte sich rührend um mich. Sie hob meine
Beine an, redete mit mir, gab mir zu trinken und hielt die
ganze Zeit über meine Hand. Am nächsten Morgen musste
ich ihr versprechen, mit dem Haschischrauchen aufzuhö-
ren. Es fiel mir nicht schwer, das Versprechen zu halten. Ich
wollte nie ein kiffender Lehrer werden, der der beste Freund
seiner Schüler ist und mit seinem *coolen* Musikgeschmack

angibt, *yo Alter, je oller, desto doller, Mann...* Diesen Lehrer-
schlag fand ich schon als Schüler peinlich.

Am Ende des Sommers schrieben wir die ersten Klausu-
ren, und danach kamen die mündlichen Prüfungen – ich
hatte den Stress tatsächlich unterschätzt. Danach hätten
Katharina und ich uns gern eine Auszeit in Berlin gegönnt,
doch zu dem Zeitpunkt war Dennis ständig unterwegs und
kaum zu Hause. Er bot uns an, allein in seiner Wohnung zu
übernachten – aber das wiederum wollten wir nicht. Dennis
war schließlich der Hauptgrund, warum wir nach Berlin
fahren wollten. Außerdem konnte ich mir lebhaft vorstellen,
wie es in seiner Wohnung aussah. Kopeken, Hundefutterdosen, Betonplastiken... Selbst wenn Dennis im Olympia-
stadion gewohnt hätte, hätte er es im Handumdrehen zuge-
müllt.

Viel Zeit, um durchzuschnaufen, blieb Katharina und mir
nicht, als nächstes mussten wir uns um unsere Referendari-
atsplätze und eine geeignete Schule kümmern. Nordrhein-
Westfalen ist riesig, und wir wollten unter keinen Umständen voneinander getrennt werden. Es verschlug uns an
den westlichen Rand der Republik, in eine Kleinstadt bei
Aachen. Am Ende unterrichteten wir beide sogar an demselben Gymnasium.

Die Stadt war ein Kaff. Es gab keine Kneipen, kein Kino,
keine interessanten Geschäfte, und der letzte Bus vom Bahnhof fuhr um acht Uhr abends – das störte uns aber nicht.
Wir arbeiteten von früh bis spät, bereiteten Unterricht vor,
bereiteten Unterricht nach, schrieben Berichte und arbeite-

ten in den Ferien an unseren Abschlussarbeiten. Die Belastung war enorm, doch der Unterricht mit den Schülern entschädigte uns für vieles. Ich genoss es, mit jungen Menschen zusammenzuarbeiten, sie zu fördern und für eine Sache zu begeistern. Als Lehrer lernte ich ständig dazu und hatte viele Gestaltungsmöglichkeiten. Nur das schlechte Ansehen des Lehrerberufs in der Öffentlichkeit ging mir gewaltig auf die Nerven.

Während unseres Referendariats war an eine Reise in die Hauptstadt nicht zu denken, uns fehlte die Zeit und auch das Geld. Katharina und ich hatten eine große, schöne Wohnung in einer alten umgebauten Ziegelfabrik bezogen, die Miete fraß den Großteil unserer Bezüge. Stattdessen wollte uns Dennis besuchen, wenn er in der Nähe war oder sich bei seinen Eltern im Ruhrgebiet aufhielt. Doch alle Anläufe dazu scheiterten.

Erst kurz vor Ende der Referendariatszeit sollte ich Dennis wiedersehen – und ich war schockiert, als ich ihn sah. Wäre er mir auf der Straße entgegengekommen, ich wäre einfach an ihm vorbeigelaufen.

14 Füchschen

Wenn man einen Menschen nach langer Zeit wiedersieht, denkt man: Oh, mein Gott, sieht der alt aus! Oder das Gegenteil: Wow, der sieht ja noch genauso aus wie früher! Bei Dennis war das anders. Er hatte sich äußerlich vollkommen verändert. Am auffälligsten war, dass er keine Brille mehr trug.

»Kontaktlinsen?«

Mit dieser Frage begrüßte ich ihn. Dennis lachte und schüttelte den Kopf.

»Laser«, antwortete er, dann nahmen wir uns in den Arm. Auch seine Umarmung hatte sich verändert, sie war kräftiger und zupackender als früher. Dennis klopfte mir auf die Schulter, ich löste mich aus der Umarmung, ging langsam einen Schritt zurück und betrachtete ihn von Kopf bis Fuß.

Dennis hatte Geheimratsecken und eine hohe Stirn bekommen, doch sein Haar war immer noch voll. Er trug es glatt und halblang, ohne erkennbare Frisur, er strich sich die Haare einfach aus dem Gesicht. Er hatte dunkle Ringe unter seinen grüngrauen, tiefliegenden Augen, und die Falten über seinem Mund waren stärker geworden. Seine Wangen waren eingefallen, und wenn er sprach, tanzte sein Kehlkopf. Dennis war blass, aber nicht zu blass, trug ein enges, langärmliges T-Shirt, Jeans und hatte immer noch diese riesengroßen Hände. Er sah aus wie der Sänger einer Rockband.

»Du sieht super aus«, beglückwünschte ich ihn.

»Danke«, antwortete er. »Du auch!«

Das Leben ist ungerecht: Bei einem Klassentreffen mit Vierzigjährigen sehen die einen aus wie dreißig und die anderen wie sechzig. Früher behauptete ich gern, dass ich nicht älter werde, sondern nur dicker – inzwischen verzichtete ich auf diesen Witz. Meine Haare verloren ihre Farbe, und meinen Hinterkopf zierte eine große kahle Stelle. Meine Pausbäckigkeit schützte mich zwar vor Falten, doch mein Bauchansatz war unübersehbar. Katharina sagte, dass ihr mein Bauch gefalle, aber das war nur ein schwacher Trost. Obwohl ich nicht übermäßig viel aß und trank, oft Fahrrad fuhr und am Wochenende häufig wandern ging, wurde ich immer breiter. Wahrscheinlich hatte es damit zu tun, dass ich vor einiger Zeit mit dem Rauchen aufgehört hatte.

Wir trafen uns am Düsseldorfer Bahnhof vor einem Zeitschriftenladen. Dennis war für ein paar Tage bei seinen Eltern untergeschlüpft, um durchzuatmen und zur Ruhe zu kommen; ich plante, mit ihm zwei Tage zu verbringen. Meine Eltern machten in Ägypten Urlaub, wir wollten in ihrem Haus übernachten und nach dem Rechten sehen, so konnte ich zwei Fliegen mit einer Klappe schlagen.

Obwohl er weiter weg wohnte, sah Dennis seine Eltern

öfter als ich meine. In seinem alten Zimmer wartete noch sein Klappbett auf ihn, während meine Eltern das gesamte Dachgeschoss umgebaut und mein altes Zimmer in eine riesige Saunakabine verwandelt hatten.

Ursprünglich waren wir in Bochum im »Café Konkret« verabredet gewesen, doch einen Tag vor dem Treffen warf Dennis unseren Plan über den Haufen. Er hatte mit Lily telefoniert und ohne mich zu fragen ein Treffen zu dritt arrangiert, in einem Brauhaus in der Düsseldorfer Altstadt – Lily hatte auch schon einen Tisch für uns reserviert. Nach dem Ende ihres Studiums war sie hierhergezogen und arbeitete bei einer bekannten Unternehmensberatung.

Da es regnete, wollte ich nach unserer Begrüßung zur U-Bahnstation hinuntergehen, doch Dennis packte mich an der Schulter und dirigierte mich hinaus zum Taxistand.

»Zur Feier des Tages«, sagte er.

Die Fahrt zur Gaststätte dauerte keine zehn Minuten. Aus seiner Jacke zog Dennis eine Geldscheinklammer und gab dem Fahrer einen Schein – das Wechselgeld durfte der Fahrer behalten. Mehr hatte Dennis nicht dabei, keinen Schlüssel, keine Brieftasche, keine Münzen. Nur die Jacke und ein Bündel Geldscheine.

Das Lokal war überfüllt und der Lärm unerträglich – zum Glück befand sich unser Tisch etwas abseits. Bereits im Taxi hatte Dennis eine Liebeserklärung an das Ruhrgebiet angestimmt. Er schwärmte von den Pommesbuden, den Trinkhallen und den tollen Menschen – er komme immer wieder gern in den *Pott* zurück. Er liebe den trockenen Witz der Leute, ihre Offenheit, ihre Herzlichkeit und Direktheit, und am nächsten Tag wolle er unbedingt mit mir eine Curry-wurst bei »Dönninghaus« essen.

»Für die würde ich bis nach Kattenvenne latschen«, rief er feierlich aus. »Und das liebe ich so am Ruhrgebiet. Bochum, Duisburg, Dortmund, Essen, Gelsenkirchen, das ist doch alles eine Soße. In Berlin ist das ganz anders, da hocken alle nur in ihrem Kiez.«

»Aber das Ruhrgebiet ist doch so schrecklich zersiedelt«, erwiderte ich, »und deshalb gibt es auch kein richtiges Kul-tur- und Studentenleben. Die fahren doch alle gleich nach der Arbeit oder der Uni nach Hause. Nach Herne, Hünxe oder Herten. Du kannst einfach nichts auf die Beine stellen, weil du keine Gleichgesinnten findest.«

»Klar«, antwortete Dennis, »in Berlin kenne ich über fünfzig andere Bildhauer, und die Hälfte davon macht in Beton. Aber das ist ja gerade die Krux! Weil du immer nach den anderen schielst und dich ständig vergleichst, kannst du dich gar nicht mehr auf deine eigene Arbeit konzentrieren.«

»Aber in Wattenscheid warst du doch total isoliert und unglücklich«, erinnerte ich ihn. »Ständig wurde man kont-rolliert, wie in einem Dorf, bloß die Landschaft war hässli-cher. Denk nur an die Frese, die hat dich doch überhaupt nicht ernst genommen.«

»Aber als armer Künstler wird man doch nirgendwo ernst genommen«, sagte Dennis. »Es spielt gar keine Rolle, ob du

Cola-Dosen signierst oder die Sixtinische Kapelle ausmalst, Hauptsache die Kohle stimmt. Nur ein reicher Künstler ist auch ein richtiger Künstler.«

Ich genoss das Gespräch – seit Dennis fortgezogen war, hatte ich niemanden mehr, mit dem ich solche Dinge diskutieren konnte.

»Damit magst du recht haben«, sagte ich, »aber was du Offenheit nennst, nenne ich eher Gleichgültigkeit. Ich glaube, du glorifizierst das Ruhrgebiet im Nachhinein. Guck dir doch nur mal die Zeitungen an. Was war mit deiner Ausstellung im Frauenhaus, wer kam da von der Presse? Ein Fußballfan aus der Anzeigenabteilung. Oder schau in die Stadtmagazine, worüber schreiben die? Nur über Kabarett und Ruhrpottkrimis! Wie oft haben wir uns darüber aufgeregt? Solange nicht ordentlich berichtet wird, wird auch nichts Ordentliches entstehen, hast du immer gesagt.«

»Richtig«, antwortete Dennis, »aber man darf das alles auch nicht so ernst nehmen. In Wirklichkeit interessieren sich die Menschen doch gar nicht für die Kunst, sondern nur für die Künstler. Die bewundern die blutjunge Freundin des Künstlers, die belächeln seinen blauen, mit Edelsteinen besetzten Turban, die achten darauf, wohin er reist, wer ihn chauffiert, wo er isst und zu welcher Zeit.«

In diesem Moment trat Lily an unseren Tisch. Ich hatte sie das letzte Mal vor anderthalb Jahren gesehen und war verblüfft über ihr Äußeres. Sie trug eine brave Frisur, einen engen grauen Rock, eine hochgeknöpfte Bluse und ein seidenes Halstuch. Lily hatte ihren Mantel abgelegt und zog einen kleinen Rollkoffer hinter sich her.

Sie umarmte Dennis und drückte ihn fest an sich, mir gab sie einen flüchtigen Kuss auf die Wange, dann setzte sie sich zwischen uns.

»Es gibt im Leben immer zwei Idioten«, seufzte sie, »den Vorgänger und den Nachfolger!«

Dennis und ich schauten uns verwundert an. Lily bemerkte unsere Überraschung und lachte laut.

»Ich meine auf der Arbeit«, sagte sie und begann eine verworrene Geschichte aus ihrer Firma zu erzählen. Es ging um ihren ehemaligen Vorgesetzten, den man wegbefördert hatte, und einen Mitarbeiter, der sie eigentlich entlasten sollte, ihr aber nur Zeit und Nerven raubte. Lily winkte den Kellner herbei und ließ ihn sechs Biergläser auf den Tisch stellen, für jeden zwei.

»Es sind ja nur Piccolos«, sagte sie und hob ihr Glas.

Wir stießen miteinander an, und Lily leerte ihr Glas in einem Zug.

»Entschuldigt«, sagte Lily, »aber ich habe einen Mordsdurst. Ich komme gerade aus München, im Flugzeug war die Kühlung ausgefallen, und alle Getränke waren warm. Da fliegt man schon Business –«

»Du kommst gerade aus München?«, fragte ich zurück. »Mit dem Flugzeug?«

»Ja«, antwortete Lily, »alle vierzehn Tage gehe ich morgens aus dem Haus und komme abends wieder und war zwischendurch in München mit unserem Vorstand Haxen essen.«

»Man sollte Inlandsflüge verbieten«, erklärte ich strikt.
»Das ist doch die totale Umweltsauerei. Oder?«

Lily verzog ihr Gesicht, und Dennis zuckte mit den Schultern. Dann sagte er, dass er meistens mit der Bahn fahre, weil er eine schwarze Bahncard besitze, mit der er fast alle Züge in Deutschland umsonst benutzen könne.

»Allerdings habe ich die Bahncard in Berlin vergessen«, erzählte er, »und musste gestern im Zug ein Ticket nachlösen.«

Er wollte von Lily wissen, wie ihr die Arbeit gefalle und wie sie an den Job gekommen sei.

»Das verdanke ich meinem Russisch«, antwortete sie. »Russland und China sind ja die neuen Boomländer, doch kaum jemand versteht die Sprache, nur die Leute aus dem Osten, aber die haben ja von Wirtschaft keine Ahnung. Natürlich musste ich auch ein Assessment-Center über mich ergehen lassen. Wisst ihr eigentlich, warum Kanaldeckel rund sind?«

»Damit sie nicht ins Loch fallen«, antwortete Dennis.

»Richtig«, rief Lily, »bravo!«

Ich runzelte die Stirn, Dennis lachte.

Als Lily erzählte, wie viel sie verdiente, musste ich schlucken. Bereits als *Trainee* bekam sie dank ihrer Zulagen doppelt so viel Geld wie Katharina und ich zusammen. Ich fand das unverhältnismäßig, Lily nicht. Wenn ich erst mal Beamter wäre, würde mein Gehalt ja deutlich steigen, ich wäre unkündbar, könnte bis zur Pensionierung dasselbe unterrichten und hätte ständig frei.

»Geld ist doch überhaupt nicht wichtig«, versuchte Dennis zu vermitteln. »Früher, als ich dauernd pleite war, habe ich ständig über Geld nachgedacht und mir Sorgen gemacht. Aber ich konnte die Sorgen auch einfach zur Seite schieben, zack, weg! Heute dagegen denke ich ständig über meine Arbeit nach, morgens, mittags, nachts, ich stehe permanent unter Strom und kann nie abschalten. Wahrscheinlich hätte ich früher auch schon immer an die Arbeit gedacht, wenn ich keine Geldsorgen gehabt hätte. Ehrlich gesagt, gefiel es mir damals besser.«

Lily nickte.

»Mark, du kannst dir gar nicht vorstellen«, sagte sie und schaute mir dabei in die Augen, »wie oft ich mich nach einem Nine-to-five-Job sehne.«

Lily nahm offenbar an, dass die Arbeit an einer Schule mit der Schlussglocke endet und man sich dann als Lehrer mit den Schülern ein Wettrennen liefert, wer zuerst den Fernseher oder das Freibad erreicht. Und Dennis hatte gut reden, er, der gerade eine Bilderserie mit verdreckten Flaggen der Mitgliedsländer der Europäischen Union an ein Bankenkonsortium in Frankfurt verkauft hatte. Für mehr als ein Jahresgehalt von Lily! Bei dieser Zahl musste auch sie schlucken.

»Wahnsinn«, sagte sie.

»Ja, ich habe echt Glück gehabt mit meiner Galeristin«, antwortete Dennis. »Sie könnte auch leere Klopapierrollen verkaufen.«

»Du weißt ja«, sagte Lily und streichelte mit der Hand

seine Wange, »dass Erfolg sexy macht. Bist du eigentlich mit jemandem zusammen?«

Dennis wurde rot und schüttelte den Kopf.

»Perfekt«, sagte Lily. »Ich auch nicht!«

Um das Gespräch in eine andere Bahn zu lenken, wollte ich von Dennis wissen, wie sich die Preise für zeitgenössische Kunst bestimmen. Er machte eine einfache Rechnung auf.

»Jeder Galeriekünstler hat einen Faktor,« erzählte er. »Der liegt zwischen eins und fünf, das wird von der Nachfrage bestimmt. Die Unbekannten haben den Faktor eins, die Begehrtesten den Faktor fünf. Bei einem Gemälde multiplizierst du dann die Länge mit der Breite und dem Faktor, das macht bei einem Bild von einem Meter mal einem Meter zwischen Zehn- und Fünfzigtausend.«

»Und welchen Faktor hast du?«, fragte Lily.

»Zwei, manchmal drei«, sagte Dennis.

»Toll«, sagte sie und gab ihm einen Kuss.

Lily winkte den Kellner zu sich und ließ ihn sechs weitere Altgläser auf den Tisch abstellen.

»Und wie ist das mit Skulpturen?«, fragte ich Dennis. »Geht das nach Gewicht? Dann hast du mit den Betonplastiken doch gute Karten.«

»Leider nein«, antwortete Dennis lachend. »Das ist ganz unterschiedlich, es kommt auf die Materialien an. Am angesagtesten sind zurzeit Kunststoffe oder Glasfaser. Wer mit Holz oder Stein arbeitet, hat es viel schwerer, auch Beton ist vielen schon zu achtziger.«

»Stellst du deshalb jetzt Bilder her?«, fragte Lily.

»Ich will mich gar nicht auf ein Medium festlegen«, erklärte Dennis. »Sicherlich lassen sich Gemälde besser verkaufen als Skulpturen oder Plastiken, aber das ist nicht der Grund. Im Moment interessiere ich mich sehr für Performance-Kunst, da geschehen unglaubliche Dinge. Es gibt einen italienischen Künstler, der sich in seinen eigenen Vater verwandelt hat. Er ahmt die Gestik seines Vaters nach und dessen Sprechweise, er trägt die gleichen Kleider und raucht die gleichen Zigaretten, er hat zugenommen und sich einen Bart stehen lassen. Obwohl er noch keine dreißig ist, sieht er aus wie fünfundfünfzig.«

»Das geht oft schneller, als man denkt«, sagte ich scherzhaft.

»Mich begeistert auch ein Künstler aus Taiwan«, fuhr er fort, »seine Aktionen dauern immer gleich ein ganzes Jahr. Ein Jahr verbringt er unter freiem Himmel, ein anderes Jahr lebt er in einem Käfig ohne Bücher, Fernsehen und Tageslicht. Ein Jahr betätigt er jede Stunde eine Stechuhr, ein anderes Jahr ist er mit einem kurzen Seil an einen anderen Menschen gefesselt. Das sind Extreme und immer gleich Lebensaufgaben, und in diese Richtung denke ich auch. Doch als nächstes will ich unbedingt wieder mit Beton arbeiten, mir fehlt nur noch eine zündende Idee.«

»Erinnere dich an den Mafioso aus meinem Roman«, riet ich Dennis, »auf den Inhalt kommt es an. Der Mafioso stieg auf, weil er seine Feinde im Beton verschwinden ließ. Du könntest ja etwas Kostbares in deinen Betonplastiken verschwinden lassen, Juwelen zum Beispiel. Dann hast du automatisch einen hohen Faktor.«

»Oder nimm andere Kunstwerke und versenke sie darin«, witzelte Lily. »Zwei zum Preis von einem, das zieht immer.«

»Genau«, rief ich. »Ich würde das dann Einschlüsse nennen. Wie beim Bernstein.«

Dennis lachte.

»Danke für eure Ratschläge«, sagte er und stand auf. »Ich werde mir alles in Ruhe überlegen. Jetzt muss ich aber erst einmal aufs Klo.«

Dennis ging, Lily und ich blieben zurück. Wir schauten uns an und sagten kein Wort.

»Ist dein Mafiaroman eigentlich fertig?«, fragte mich Lily nach einer Weile.

»Nein«, antwortete ich, griff mein Glas und trank es aus. »Ich schreibe schon lange nicht mehr.«

Lily holte aus ihrer Manteltasche eine Packung Zigarillos, entfernte die Folie, zog einen Zigarillo heraus und zündete ihn an.

»Möchtest du auch einen?«, fragte sie und hielt mir die Schachtel hin.

»Nein, danke«, antwortete ich und wedelte den Rauch fort.

»Es ist schon komisch«, sagte sie, »da ist man jahrelang Schauspieler oder Nachwuchswissenschaftler oder Kommunist, du triffst dich mit anderen Schauspielern, Nachwuchswissenschaftlern oder Kommunisten, und dann mit Ende zwanzig werden die Karten neu gemischt, alle Gewissheiten sind weg, und auf einmal bist du Mutter, Angestellte oder ein Sozialfall.«

»Und wählst FDP«, ergänzte ich.

»Niemals«, rief Lily und boxte mir in den Oberarm. »Früher hast du immer gesagt, dass die Arbeit mit jungen Menschen alt macht. Deshalb wolltest du nie im Leben Lehrer werden.«

»Ich hätte auch nie gedacht«, hielt ich dagegen, »dass du mal Leute entlässt.«

»Hey«, antwortete Lily und boxte mich zum zweiten Mal. »Das sind doch Vorurteile!«

»Aua«, schrie ich lachend auf.

Wir sahen uns lange an.

»Nur Dennis bleibt Dennis«, seufzte Lily und schloss die Augen.

Ein südländischer Junge in ärmlicher Kleidung trat an unseren Tisch und wollte gegen Bezahlung ein Rad für uns schlagen. Lily schickte ihn fort, mit hängendem Kopf trottete der Junge zum Nebentisch.

»Sollen wir Dennis nicht langsam mal die Wahrheit sagen?«, fragte ich Lily.

»Welche Wahrheit?«, fragte sie zurück.

»Na, dass wir beide miteinander geschlafen haben«, sagte ich. »Damals nach der Ausstellungseröffnung im Frauenhaus.«

»Bist du verrückt geworden?«, fuhr sie mich an und bekam rote Flecken im Gesicht. »Willst du Dennis verletzen?

Oder mich? Das spielt doch heute überhaupt keine Rolle mehr!«

Lily wandte sich von mir ab und zog mehrmals hektisch an ihrem Zigarillo.

»Ich will doch niemanden verletzen«, antwortete ich und rang nach Worten, »sondern –«

Ich konnte den Satz nicht beenden, weil Dennis an unseren Tisch zurückkehrte.

»Kennst du das Pareto-Prinzip?«, empfing ihn Lily mit gespielter Fröhlichkeit. »Dass man achtzig Prozent der Arbeit in zwanzig Prozent der Arbeitszeit schafft und für die restlichen zwanzig Prozent Arbeit achtzig Prozent der Arbeitszeit benötigt?«

Ja, wir kannten das Prinzip, Lily hatte früher oft davon gesprochen.

Der Junge machte vor dem Garderobenständer einen Überschlag. Lilys Reaktion hatte mich verletzt, und ich sagte lange Zeit nichts mehr. Dafür redete sie – fast ohne Unterbrechung, hauptsächlich über ihre Arbeit. Sie sagte *Kick-off-Meeting* statt Auftaktsitzung, sprach von *Challenges* statt von Herausforderungen und plante *Easy-to-use-Actions*, wenn die *Key Message* fehlte. Jetzt war ich es, der den Bierfluss sicherstellte. Lily redete nur noch zu Dennis und wandte dabei all ihre Verführungskünste an – doch je mehr wir tranken, umso plumper wurden ihre Annäherungsversuche. Dennis versuchte mich ins Gespräch einzubeziehen und stellte mir Fragen, aber sobald ich antwortete, fiel mir Lily ins Wort und wechselte das Thema.

Als Dennis erwähnte, dass er vor einiger Zeit eine Psychotherapie angefangen hatte, fing Lily plötzlich an zu schluchzen und erzählte von ihrem Kater Trotzki. Durch das gekippte Küchenfenster hatte Trotzki ins Freie gelangen wollen, war mit den Hinterbeinen noch auf dem Fensterbrett in der Küche gestanden, die andere Körperhälfte hatte aus dem Spalt hinaus auf die Straße geragt, flehentlich hatte Trotzki seine Pfoten zum Himmel gestreckt… Genickbruch! Erst nachdem sich Lily mit ein paar Gläsern Whisky Mut angetrunken hatte, hatte sie die Spülhandschuhe anziehen und den toten Kater entfernen können.

»Es war so schrecklich«, wimmerte sie, klammerte sich an Dennis und lehnte ihren Kopf an seine Brust. »Der arme Trotzki! Er war ganz kalt und steif. Es hat Wochen gedauert, bis ich wieder in die Küche gehen konnte.«

Um die Mikrowelle zu benutzen, fügte ich in Gedanken hinzu.

Auch nachdem sie sich beruhigt hatte, lag Lily noch in Dennis' Armen.

»Du riechst gut«, sagte sie und rieb ihren Kopf an seine Brust. »Meine Allergie ist verschwunden!«

Es war kurz vor Mitternacht.

»Wir müssen los«, sagte ich und tippte mit dem Finger auf das Zifferblatt meiner Armbanduhr. »Der letzte Zug geht gleich.«

Dennis nickte.

»Warum bleibst du heute Nacht nicht bei mir?«, fragte Lily Dennis und streichelte seinen Arm.

»Äh, aber das geht nicht«, stotterte Dennis und schüttelte den Kopf. »Ich bin doch mit Mark hier. Wir haben uns seit Ewigkeiten nicht mehr gesehen.«

Er sah mich an. Ich hätte ihm keinen Vorwurf gemacht, wenn er in Düsseldorf geblieben wäre.

»Aber wir haben uns doch auch seit Ewigkeiten nicht mehr gesehen«, bettelte Lily. »Bitte bleib bei mir, ich will dich verwöhnen. Ich werde mir was Hübsches anziehen, etwas Rotes oder Schwarzes –«

»Nein«, antwortete Dennis entschlossen und wand sich aus ihrer Umarmung.

»Der Deckel geht auf mich«, rief er und winkte den Kellner hektisch zu sich. »Was für ein hübscher Kranz! Den behalte ich.«

Dennis zeigte mir den Bierdeckel, die Bleistiftstriche am Rand bildeten tatsächlich einen geschlossenen Kreis.

Draußen regnete es immer noch. Lily hatte sich bei Dennis untergehakt und flüsterte ihm ins Ohr. Dennis führte sie zu einem wartenden Taxi und half ihr, im Fond des Wagens Platz zu nehmen. Dann gab er dem Fahrer einen Geldschein.

»Bringen Sie die Dame sicher nach Hause«, wies er ihn an.

»Komm mit«, rief Lily aus dem Wageninnern. »Das ist deine letzte Chance. Ich bin nicht müde.«

»Gute Nacht, Lily«, antwortete Dennis. »Träum süß!«

Er schloss die Fahrzeugtür, und das Taxi setzte sich in

Bewegung. Dennis winkte Lily hinterher, an der Ampel bog das Auto ab. Lily und ich hatten uns gar nicht voneinander verabschiedet.

»Die sind wir los«, sagte ich erfreut.

Dennis sah mich an, und ich erschrak. Seine weit aufgerissenen Augen glühten, er wirkte wie ein tollwütiges Tier mit entstellten Gesichtszügen, verzerrtem Mund und gefletschten Zähnen. Nur einen Augenblick lang sah ich die grimmige Fratze. Dennis drehte seinen Kopf kurz zur Seite, danach war sein Gesichtsausdruck wieder entspannt und freundschaftlich – so als ob er seine Wut einfach abgeschüttelt hätte.

»Laufen oder fahren?«, fragte er mich mit einem verschmitzten Lächeln.

Ich starrte ihn an. Die Fratze hatte sich in mein Gedächtnis eingebrannt – selbst wenn ich sie mir vielleicht nur eingebildet hatte.

»Laufen«, antwortete ich verunsichert. »Das wird uns guttun.«

Der Regen wurde stärker. Wir liefen zum Bahnhof – am Ende mussten wir sogar rennen, um pünktlich am Bahnsteig zu sein.

Der Intercity hatte fast zwanzig Minuten Verspätung und war menschenleer. Wir hatten einen kompletten Wagen für uns allein und setzten uns in einem Abteil einander gegenüber ans Fenster. Ich war müde vom Alkohol. Während der Fahrt schaute Dennis wie gebannt aus dem Fenster in die Schwärze und auf die wenigen Lichter. Mir fielen

die Augen zu … Als ich sie wieder öffnete, sah mich Dennis
an.

»Ich soll dir übrigens schöne Grüße von Steffi ausrichten«, sagte er. »Ich habe sie kürzlich im Club getroffen.«

»In was für einem Club denn?«, fragte ich gähnend und
streckte meine Arme aus.

»Ach, in so einem Techno-Club«, antwortete Dennis und
beugte sich vor. »Der Steffi geht es jedenfalls richtig gut. Sie
hat eine eigene Boutique an den Hackeschen Höfen, nur mit
Designerklamotten.«

»Toll«, sagte ich und wollte weiterschlummern.

»Warum hast du dich damals eigentlich von ihr getrennt?«, fragte Dennis weiter. »Ihr wart doch ein Herz und
eine Seele, du hast immer so geschwärmt von ihr. Steffi sagt,
der Grund sei gewesen, weil sie weg aus dem Ruhrgebiet
wollte. Stimmt das? Hattest du echt Schiss fortzugehen?«

»Was?«, rief ich und war schlagartig wach. »Ich habe
doch keinen Schiss! Spinnt die?«

Der Zug wurde langsamer und kam in einem Bahnhof
zum Stehen.

»Natürlich nicht«, antwortete Dennis verlegen. »Entschuldige, ich wollte dich nicht aufregen. Ich sollte mich
besser hinlegen und schlafen.«

Dennis stand auf und versuchte auf die gläserne Gepäck-
ablage über ihm zu klettern. Das sah ziemlich lustig aus.

»Nicht dass die abbricht«, rief ich lachend.

Er hatte es fast geschafft, sich in die enge Ablage zu zwän-
gen, da gab es auf einmal einen Mordslärm. Ein metal-

lisch schabendes Geräusch und ein scharfes Zischen! Das Licht im Abteil flackerte, und mir schien, als ob von außen Qualm am Fenster des Zugs emporstieg. Beim Versuch, auf die Kofferablage zu klettern, hatte Dennis einen Fuß auf den Notbremsgriff gestellt, war mit dem Schuh abgerutscht und hatte dabei den Bremsvorgang ausgelöst.

»Scheiße!«, rief ich. »Du hast die Notbremse gezogen! Los, raus, wir müssen abhauen, das ist strafbar!«

Ich sprang auf und rannte durch den Gang zur Tür am Ende des Wagens. Zum Glück hatte der Zug bereits im Bahnhof gestanden und musste nicht in voller Fahrt stoppen. Ich öffnete die Tür und blickte hinaus.

Der Zugführer hatte seinen Kopf aus dem Fenster des Steuerwagens gesteckt, sah mich an und rief etwas... Auf dem Bahnsteig stand die Schaffnerin und eilte in meine Richtung! Ich sprang aus dem Zug, rannte zur Treppe, lief die Stufen hinab und verschwand im Tunnelgang. Hinter einem Glasfahrstuhl verbarg ich mich, mein Herz pochte wild. Ich atmete tief ein und aus, um mich zu beruhigen. Schließlich drehte ich mich um. Niemand war mir gefolgt – auch Dennis nicht.

In Gedanken malte ich mir das Schrecklichste aus. Sie hatten Dennis geschnappt, er war umgeknickt und hatte sich den Knöchel verstaucht. Ich wurde immer unruhiger. Nach ein paar Minuten lief ich zurück zur Treppe, schaute hoch – konnte aber nichts erkennen.

Leise schlich ich die Stufen hoch und versteckte mich hinter einem Mauervorsprung. Die Türen des Intercitys waren geschlossen, auf den Gleisen war niemand zu sehen. Ruckartig fuhr der Zug an, wurde schneller und verschwand in der Nacht.

Ich richtete mich auf, rief nach Dennis und suchte den Bahnsteig ab, vergeblich! Fröstelnd lief ich die Treppe hinab und schaute im Tunnelgang auf den Fahrplan. Der nächste Zug fuhr erst in ein paar Stunden. Ich schrie. Vor Wut und aus Verzweiflung. Niemand hörte mich. Ich war ganz allein, mitten in der Nacht im Duisburger Hauptbahnhof.

Ich irrte durch die leere Halle. Alle Geschäfte im Bahnhof hatten bereits geschlossen, vor dem Gebäude parkte noch nicht einmal ein Taxi – aber eine Taxifahrt nach Bochum hätte ich mir sowieso nicht leisten können.

Mir war kalt, und ich war hundemüde. Im Bahnhof gab es keine geeigneten Sitzplätze, am Ende musste ich auf einem Drehhocker in einem Schnellfotoautomaten Platz nehmen. Die Kabine war grell erleuchtet. Ich schloss den Vorhang, zog die Beine an und lehnte mich in die Ecke. Ich versuchte die Augen zu schließen und ein wenig zu schlafen, es gelang mir nicht. Ich dachte über den Abend nach, über Lilys Verhalten, Steffis Bemerkung und Dennis' Fratze. Ich hatte Kopfschmerzen, fühlte mich erbärmlich und musste gegen den Drang ankämpfen, meinen Schädel gegen den Spiegel zu schmettern.

Am frühen Morgen fuhr ich mit der ersten S-Bahn nach Bochum. Immer wieder schlief ich während der Fahrt ein und hätte fast meinen Ausstieg verpasst. Natürlich hat mich Dennis am Bahnhof nicht erwartet, er konnte ja nicht wissen, wann und mit welcher Bahn ich kam – trotzdem war ich enttäuscht, als ich in Bochum ausstieg und den leeren Bahnsteig sah. Fast hätte ich losgeheult.

Erst als ich mich auf der Couch im Wohnzimmer meiner Eltern ausstreckte, beruhigte ich mich. Ich schlief sofort ein und hätte bis zum nächsten Tag durchschlafen können, wenn es nicht um kurz vor zehn an der Haustür geklingelt hätte. Es war Dennis. Er sah blendend aus, frisch und ausgeschlafen, ich fühlte mich wie ein Veteran aus dem Ersten Weltkrieg. Dennis hielt eine Brötchentüte in der Hand und wirkte bei meinem Anblick erleichtert.

»Ich habe mir richtig Sorgen gemacht«, sagte er. »Plötzlich warst du verschwunden. Die Schaffnerin und ich haben den ganzen Zug abgesucht, dich aber nicht gefunden.«

»Und hast du Ärger bekommen?«, fragte ich im Halbschlaf zurück.

»Nö, die Schaffnerin war supernett«, antwortete Dennis, »die wollte noch nicht einmal meinen Fahrschein sehen. Zum Glück, ich hatte ja auch gar keinen.«

Mir war flau im Magen, und ich stand kurz davor, mich zu übergeben. Wahrscheinlich vertrug Dennis den Alkohol besser als ich, weil er Jahre nach mir mit dem Trinken angefangen hatte.

Ich schleppte mich in die Küche und setzte eine Kanne Kaffee auf, die ich fast alleine trank. In einem Wahnsinnstempo verschlang Dennis unterdessen drei Brötchen mit Marmelade. Er war unruhig und drängte zum Aufbruch.

Er hatte bereits den gesamten Tag verplant: Als erstes wollten wir Luckys Grab aufsuchen, am Vorabend, nachdem Lily von Trotzkis Ende erzählt hatte, hatte Dennis diesen Vorsatz gefasst und ich mich zu dem Versprechen hinreißen lassen, ihn zu begleiten. Später wollte mir Dennis eine Fotoserie in einer Düsseldorfer Galerie zeigen, für abends hatte er Karten für eine Ballettvorstellung in Essen besorgt, bei dem das Werk eines befreundeten Choreografen aufgeführt wurde. Ich musste schmunzeln, denn früher konnte Dennis Madonna nicht von Mahler unterscheiden.

Gegen halb zwölf verließen wir das Haus und liefen zur Bushaltestelle, die frische Luft tat mir gut. Ein Schrottsammler fuhr mit seinem Pritschenwagen an uns vorbei und beschallte die Gegend mit seiner blechernen Erkennungsmelodie.

»Ich werde verrückt«, schrie Dennis und konnte sich kaum beruhigen, »der Klüngelskerl! Mark, halt mich fest! Was ist das eigentlich für ein komisches Instrument? Klingt wie eine verstimmte Blockflöte.«

Auf der halbstündigen Busfahrt erzählte mir Dennis seine Theorie zum Firmenlogo von Thyssen-Krupp. Ursprünglich hatte Krupp Thyssen übernehmen wollen, doch nachdem die geheimen Pläne öffentlich wurden und es zu Protesten kam, fusionierten Thyssen und Krupp friedlich. Das neu entstandene Symbol zeigt jetzt das Dreiringzeichen von Krupp, das vom Thyssen-Bogen überwölbt wird.

»Krupp ist die Frau«, erklärte Dennis, »und Thyssen steht mit gespreizten Beinen darüber. Du musst dir nur einen Penis dazu denken, schon hast du es: Thyssen fickt Krupp. Das ist die Rache aus Düsseldorf.«

Der Bus schaukelte wie eine Postkutsche, und mir wurde während der Fahrt immer übler. Wir stiegen eine Haltestelle früher aus und gingen die letzten Meter bis zur Brücke zu Fuß. Neben dem Parkplatz eines Gebrauchtwagenhändlers kletterten wir über eine Absperrung und liefen die Stahltreppe zum Ufer der Emscher hinunter.

Dennis meinte, dass wir am Ufer nach links gehen müssten, ich glaubte nach rechts. Wir suchten in beiden Richtungen, fast eine halbe Stunde lang, fanden aber die Stelle, an der wir Lucky begraben hatten, nicht mehr. Dennis war tief enttäuscht.

»Na gut«, seufzte er schließlich, »dann lass uns jetzt in die Stadt fahren. Bisse richtig down, brauchse wat zu kaun, ne Currywurst.«

Das war zu viel! Ich eilte die Böschung hoch und musste mich furchtbar übergeben.

Kalter Schweiß stand mir im Gesicht, ich zitterte. Dennis, der mir gefolgt war und nicht wusste, wie er mir helfen konnte, sah mich mitleidig an. Ich musste mich unverzüglich hinlegen. Dennis wollte mich nach Hause begleiten – doch das lehnte ich ab. Am nächsten Morgen würde er bereits zurück nach Berlin fahren... Er sollte seinen letzten Tag im Ruhrgebiet nicht damit verbringen, mir beim Kotzen oder Schlafen zuzusehen.

204

Schweigend liefen wir zur Haltestelle. Dennis wartete ab, bis mein Bus kam, und wollte danach den nächsten Bus in die andere Richtung nehmen.

»Versprich mir«, sagte Dennis, als ich in den Bus stieg, »dass du mich bald in Berlin besuchen kommst!«

Bevor sich die Türen schlossen, gab ich ihm das Versprechen. Und ich hielt Wort. Doch bei unserem nächsten Treffen sollte es mir am Ende noch dreckiger gehen.

15 Bunter Beton

Nach dem Referendariat zogen Katharina und ich zurück nach Bochum. Katharina unterrichtete Deutsch und Geschichte an einer Gesamtschule, ich Deutsch und Englisch an einem Gymnasium – aus der Referendariatszeit hatten wir gelernt, dass es für uns beide besser ist, nicht an derselben Schule zu arbeiten. Wir fanden eine geräumige, nicht zu teure Wohnung mit Blick auf den Kemnader See. Der Fußweg zum Gymnasium dauerte keine Viertelstunde, Katharina brauchte mit dem Auto zur Gesamtschule meist auch nicht länger als zwanzig Minuten.

In den Osterferien wollten wir endlich Dennis in Berlin besuchen, Katharina freute sich auf die Reise noch mehr als ich. Doch kurz vor Ferienbeginn wurde bei ihrer Mutter eine Krebserkrankung festgestellt, und Katharina konnte sie in dieser Lage natürlich nicht allein lassen. Ich wollte bei ihr bleiben und sie unterstützen, doch Katharina bestand darauf, dass ich ohne sie nach Berlin fuhr. Also reiste ich allein.

Am Abend vor der Abreise besuchte uns Erik. Katharina und er waren seit längerem Mitglieder im selben Fitnessstudio und hatten sich angefreundet. Es ärgerte mich, dass Katharina auf seine Masche reingefallen war. Nach außen hin wirkte Erik so freigeistig und abenteuerlustig, mit seinen vielen Tätowierungen, seinen verwegenen Piercings und seinem gezwirbelten Kinnbart… In Wirklichkeit stemmte er den ganzen Tag nur Gewichte, fuhr dicke Schlitten, glotzte Pornofilme und spielte am Wochenende Paintball. Außerdem hatte er ein Auge auf Katharina geworfen und machte ihr den Hof, was sie allerdings abstritt. Hätte ich geahnt, dass sie im Studio Erik kennenlernen würde, hätte ich ihr niemals einen Gutschein für das Fitnessstudio geschenkt, sondern sie in einem Yoga-Kurs oder beim »Maggi«-Kochstudio angemeldet.

Erik kam mit einem schweren Geländewagen vorgefahren – kurz vor seinem dreißigsten Geburtstag hatte er mehrere Grundstücke mit Parkplätzen in verschiedenen Städten geerbt und damit ausgesorgt. Erik wusste, dass ich am nächsten Tag nach Berlin fahren würde: Er war stinksauer auf Dennis, denn für seine Flaggenserie hatte Dennis Leinwände an Autos befestigt, war mit ihnen durch die Gegend gefahren und hatte darauf den Schmutz der Straßen eingefangen… So wie es Erik mit seinen »Drecksbildern« schon vor Jahren getan hatte. Auch ich musste, als Dennis in Düsseldorf von der Flaggenserie erzählt hatte, an Eriks Arbeiten denken. Trotzdem verteidigte ich Dennis.

»Schließlich gibt es einige Unterschiede«, versuchte ich Erik zu beruhigen. »Dennis benutzte Landesfahnen als Leinwände, und er sammelte nur den Dreck aus den jeweiligen Ländern. Die Technik ist gleich, aber in den Bildern stecken doch viel mehr Ideen.«

Wahrscheinlich glaubte ich selber nicht an meine Worte.

Dennis hatte mir gesagt, dass seine Gönnerin Frau Caumann mich kennenlernen wolle. Ich solle zu ihr kommen, da sie am Abend verreise, Dennis würde bei ihr auf mich warten. Er hatte mir am Telefon den Weg vom Bahnhof genau beschrieben, nur die Zeitangabe stimmte nicht, ich brauchte für die Strecke bestimmt dreimal so lange.

Frau Caumann wohnte in einer senfgelben Villa. Ich klingelte am Eingangstor, nach einer kurzen Zeit öffneten sich die eisernen Gittertüren, und ich betrat eine mit Linden gesäumte Allee.

In dem Eingangsportal der Villa standen ein grauhaariger Herr in einer karierten Strickweste und eine sportlich aussehende Frau in meinem Alter. Sie hatte ihr braunes, schulterlanges Haar zu einem Pferdeschwanz zusammengebunden, war ungeschminkt und hielt in der Hand eine Gerte. Ich ging auf die beiden zu und reichte dem Mann die Hand. Er packte meinen Arm und lenkte ihn in Richtung der Frau.

»Die Dame zuerst«, sprach er mit leiser Stimme und blickte zu Boden. Vor Scham wäre ich am liebsten in den Boden versunken.

Die Frau zog die Augenbrauen hoch und betrachtete belustigt meine ausgestreckte Hand. Ich spürte, dass ich rot geworden war, und da ich nicht wusste, was ich sagen sollte, stammelte ich, dass Frau Caumann und Herr Kirchner mich erwarten würden.

»Kommt der schon wieder?«, antwortete die Frau und verdrehte dabei die Augen. Ihr Lächeln war verschwunden.

Ich drehte mich um und sah, dass Dennis die Lindenallee hochkam und in unsere Richtung winkte.

»Ich bin dann reiten«, sagte die Frau und eilte die Stufen hinab.

»Hallo, Vera!«, rief Dennis ihr hinterher, doch die Frau verschwand grußlos hinterm Haus. Dennis und ich nahmen uns in den Arm.

»Die S-Bahn hatte einen Personenschaden«, entschuldigte Dennis sein Zuspätkommen. »Bestimmt hat sich wieder jemand vor den Zug geschmissen.«

Dann wandte er sich an den Mann in der Strickweste.

»Frau Caumann erwartet uns«, sagte er förmlich.

Der Angesprochene nickte und führte uns in einen holzvertäfelten Raum mit deckenhohen Fenstern, blauen Samttapeten und einem Holzfußboden, in dem ich mich spiegelte. Das Zentrum des Raums bildete ein Esstisch, an dem der gesamte *Denver-Clan* hätte Platz nehmen können. Der Strickwestenmann entfernte sich, und ich betrachtete die Gemälde an den Wänden.

»Das ist mein liebstes«, sagte Dennis und zeigte auf ein kleines, quadratisches, fast schwarzes Ölgemälde. »Es stammt von Max Ernst. Ich lasse euch zwei mal kurz allein.«

Er öffnete eine Tür, ging in den Nebenraum und klopfte an einer weiteren Tür, hinter der er schließlich verschwand. Nach kurzer Zeit hörte ich die Stimme einer Frau. Sie sprach schnell, laut und sehr aufgeregt – Worte verstand ich allerdings keine.

Dann, eine Viertelstunde lang oder länger, hörte ich gar

nichts mehr. Ich langweilte mich, und in mir wuchs die Versuchung, etwas Farbe von dem Ölgemälde abzukratzen.

Endlich, nach einer erneuten kurzen, heftigen Ansprache der Frau kehrte Dennis zurück. Sein Gesicht war fleckig.

»Sag mal«, fragte ich ihn, »sind das eigentlich Originale?«

»Natürlich«, zischte er. »Die Bilder sind teurer als das Haus.«

Er griff meine Sporttasche.

»Tut mir leid, Mark«, sagte er, »aber wir fahren zu mir. Es passt gerade nicht.«

»Was ist passiert?«, fragte ich ihn.

»Nichts«, antwortete er. »Nur ein Missverständnis.«

Schweigend verließen wir die Villa. Vor dem Anwesen zeigte Dennis auf das Nachbargrundstück, auf dem ein pausbäckiger Unternehmer wohne, der mit dem Hubschrauber sogar zu McDonald's fliege. Seit kurzem stehe in dessen Garten ein »Fuß ohne Meinung«.

»Er sieht genauso aus wie deiner«, erzählte mir Dennis, »er ist nur größer. Das ist die teuerste Arbeit, die ich bislang verkauft habe.«

»Wer ist eigentlich der Mann in der Strickweste?«, fragte ich Dennis.

»Das ist Georg«, antwortete Dennis, »so eine Art Butler.«

Dennis wollte ein Taxi nehmen, ich wollte aber lieber mit der S-Bahn fahren – ich hatte ja keine Ahnung, wie lange wir unterwegs sein würden. Während der Fahrt bekam ich großen Hunger, am Morgen hatte ich nur eine Schale Müsli gegessen, und wir mussten aussteigen, damit ich mir etwas zu essen kaufen konnte.

»Morgen oder übermorgen gehen wir in einen Laden«, verkündete Dennis, während ich an einem Imbissstand eine Bratwurst aß, »da kannst du Trüffelpommes und Currywurst mit Blattgold essen.«

»Mit echtem Blattgold?«, fragte ich ungläubig.

»Ja, mit zweiundzwanzig Karat«, antwortete Dennis. »Das macht die Wurst schön knusprig.«

Nachdem ich gegessen hatte, fuhren wir weiter. Die S-Bahn war überfüllt, und wir mussten die restliche Fahrt über stehen. Dennis erzählte von seiner letzten Auslandsreise, dem Schuldenberg seines Exgaleristen und der Alkoholsucht eines bekannten Schriftstellers – ich war froh, als wir am Ziel angekommen waren und aussteigen konnten, denn mir war sein lautes Reden in der überfüllten S-Bahn peinlich.

Es war nicht mehr weit bis zu seiner Wohnung. Die Sonne schien, wir gingen über eine Brücke, auf der sich, wie mir Dennis erklärte, sein Lieblingsschriftsteller verlobt habe.

»Aber ich bin doch dein Lieblingsschriftsteller«, rief ich aus. Dennis lachte.

Ein Ausflugsschiff legte vom Ufer ab, und ein doppelstöckiger Bus fuhr an uns vorbei. Ich blieb auf der Brückenmitte stehen und bestaunte einen kolossalen Plattenbau. Ich hatte ein völlig anderes Bild der Stadt im Kopf gehabt. Als

Jugendlicher war ich einmal in Berlin gewesen, damals war mir die Stadt eng, düster und verlebt erschienen, nur Graffiti und Beton.

Dennis' Wohnung war wunderschön und für eine alleinstehende Person viel zu groß – drei der vier Zimmer nutzte er als Arbeitsräume. Die Wohnung hatte hohe Decken, eine Gästetoilette und einen Balkon. In der Küche stand eine nagelneue Einbauküche, und aus dem Fenster hatte man einen Bilderbuchblick auf die Spree.

»Da feiern wir morgen«, sagte Dennis und zeigte auf ein großes Schiff, das am Ufer vor Anker lag.

Die Wohnung war nur mit dem Notwendigsten eingerichtet, doch alle Möbel wirkten außerordentlich teuer und schienen gerade erst geliefert und ausgepackt worden zu sein. Wir setzten uns auf eine hellgraue Ledercouch, auf der noch Dennis' Bettzeug lag, und ich war froh, meine Beine ausstrecken zu können. Ich bestaunte einen gigantischen Fernseher und gähnte leise – erst Jahre später sollte ich einen ähnlich großen Fernseher wiedersehen.

»Brauchst du was zum Wachwerden?«, fragte mich Dennis. »Ich kann uns einen Tee machen. Ich habe auch etwas Koks da.«

Ich hatte noch nie Kokain genommen und fragte ängstlich nach der Wirkung. Dennis erzählte, dass man schon nach einmaliger Einnahme abhängig werden oder der Tod eintreten könne. Nachdem er eine Kanne Tee zubereitet hatte, zerkleinerte er mit einer seiner Bankkarten auf dem Glastisch ein Bröckchen Kokain, teilte es in zwei Bahnen und zog eine davon mit einem abgeschnittenen Strohhalm in die Nase. Dann bekam ich den Strohhalm. Ich dachte nicht lange nach und zog die zweite Bahn.

Meine Furcht verflog rasch. Ich spürte einen bitteren, tauben Geschmack im Hals, der Hunger und die Müdigkeit verschwanden. Nach einer zweiten Bahn verließen wir die Wohnung, und Dennis führte mich in eine mexikanische Bar.

In Rekordzeit tranken wir mehrere Cocktails, doch ich wurde überhaupt nicht betrunken. Wir hatten uns viel zu erzählen – immer wieder gingen wir zwischendurch zusammen aufs Klo und zogen weitere Bahnen. Ich weiß nicht, woran es lag, an Berlin, Dennis oder den Drogen, doch auf einmal fühlte ich mich wieder jung und benahm mich dementsprechend kindisch. Es war, als ob jemand die Uhr zurückgestellt hätte, ich genoss den Abend und unser vertrautes Gespräch sehr.

Ausgiebig erzählte Dennis von seinem komplizierten Verhältnis zu Frau Caumann und deren Tochter Vera – etwas bedrückte ihn, doch obwohl ich mehrfach nachfragte, blieben seine Worte wolkig. Ich begriff nicht, welches Verhältnis zwischen den dreien bestand und wer was wann wie missverstanden hatte … Es klang alles weder nach Freundschaft noch nach Liebe.

Wir verließen die Bar als letzte Gäste. Die Rechnung, die uns der Wirt präsentierte, war bestimmt einen halben Meter lang, doch Dennis musste sie nicht bezahlen.

»Der Wirt und ich haben getauscht«, erklärte er mir auf dem Nachhauseweg. »Er hat zwei Plastiken von mir bekommen, dafür darf ich in seiner Bar ein Leben lang kostenlos essen und trinken.«

Gemeinsam übernachteten wir auf der hellgrauen Ledercouch in seiner Wohnung, ich hatte keine Probleme einzuschlafen. Als ich Stunden später durch Schritte und laute Geräusche in der Wohnung wach wurde, schien bereits die Sonne. Die Zimmertür zum Flur war geschlossen. Aufgeregt weckte ich Dennis.

»Schlaf weiter!«, beruhigte er mich, ohne die Augen zu öffnen. »Das ist Frau Harder, sie hilft mir im Haushalt.«

Ich fühlte mich elend, spürte den Alkohol in meinem Körper, drehte mich zur Seite und fiel zurück in einen schweren, traumlosen Schlaf.

Erst spät am Nachmittag standen wir auf. Während Dennis in der Küche Tee zubereitete, bemerkte ich in einem der beiden Arbeitszimmer drei Sockel mit frischen Plastilinklumpen – als wir zu Bett gegangen waren, hatten sie noch nicht dort gestanden.

»Wo kommen die denn her?«, fragte ich Dennis.

»Das vorhin war gar nicht Frau Harder«, antwortete Dennis, »sondern mein Assistent Mario. Er hat das Material vorbeigebracht. Für eine Ausstellung in Warschau muss ich noch drei Plastiken machen, die heute in die Gießerei nach Friedenau müssen.«

»Wow, du hast einen Assistenten!«, staunte ich.

»Die Galerie bezahlt ihn«, sagte Dennis gleichmütig.

Wir setzten uns auf den Balkon, erst bei der zweiten Kanne Tee klangen meine Kopfschmerzen ab. Als es dämmerte, rief ich Katharina an; wir sprachen bestimmt eine ganze Stunde miteinander, meinen Kokainkonsum erwähnte ich natürlich nicht. Während ich telefonierte, hatte Dennis bereits mit dem Modellieren begonnen und arbeitete gleichzeitig an den drei Formen.

»Kann ich dir helfen?«, fragte ich ihn nach dem Telefonat.

»Gern«, antwortete Dennis. »Stell dich einfach hier hin und mach mir alles nach.«

Ich trat an den linken Sockel und formte den dazugehörigen Klumpen nach seinen Anweisungen. Die Arbeit war anstrengender, als ich gedacht hatte. Während ich noch dabei war, einen Arm zu biegen, hatte Dennis bereits zwei Köpfe modelliert. Er musste mir häufig helfen. Das Material war fest und krümelig, und ich musste viel Kraft aufwenden, um es nach Dennis' Wünschen zu formen.

»Das Schaffen einer Skulptur hat etwas Elementares«, erklärte mir Dennis unterdessen. »Stein und Holz sind lebendige Materialien, das Abtragen ist ein Akt der Befreiung. Das Modellieren einer Plastik hingegen ist viel künstlicher und spielerischer. Irgendwann möchte ich beides verbinden und ein Objekt schaffen, halb Plastik, halb Skulptur.«

Ich schwitzte und zog mein Hemd aus. Dennis' Gesichtsausdruck war total entspannt und sah aus, als ob er gerade eine Fußmassage bekäme.

»Fertig!«, rief er auf einmal, und ich musste die Arbeit sofort unterbrechen.

»Das sind Trias, Jura und Kreide«, sagte er und ritzte

seine Initialen in die drei lustig aussehenden Zwerge, »die Vernichter Pangaeas.«

Schon vor Jahren hatte ich es aufgegeben, Dennis nach dem Sinn seiner Werke zu fragen: Verständliche Kunst war für ihn Journalismus. Dennis wollte die Dinge tun – und nicht über sie reden.

»Klasse«, sagte ich mit Stolz in der Stimme. »Bin ich jetzt auch ein Künstler?«

Ich konnte das von mir verunstaltete Männlein nicht von den anderen beiden unterscheiden.

»Jeder ist Künstler«, grinste Dennis. »Ich rufe Mario an, dann können wir los. In einer halben Stunde legt das Schiff ab.«

Das Telefonat mit seinem Assistenten dauerte keine Minute, Dennis erledigte es nebenher beim Pinkeln. Bevor wir die Wohnung verließen, zogen wir den Rest Kokain. Es regnete in Strömen, zum Glück mussten wir nur wenige Meter laufen. Kurz nachdem wir an Bord gegangen waren, legte das Schiff ab.

Ein Kunst sammelnder Schönheitschirurg hatte das Ausflugsschiff gechartert und feierte dort seinen fünfzigsten Geburtstag. Die Gäste waren größtenteils Ärzte, Rechtsanwälte, Journalisten und Politiker, aber auch einige Künstler und zwei Fernsehschauspieler waren anwesend. Es hatte Dennis einige Mühen gekostet, eine Einladung für mich zu organisieren – zu meinen Gunsten musste sein Assistent auf die Feier verzichten.

Vom Oberdeck konnte man auf die lila beleuchtete Tanzfläche des Hauptdecks schauen. Wenn man einen freien Platz fand, konnte man sich hinsetzen und zwei Männern in Matrosenkleidung zuhören, die auf Wunsch Seemannslieder sangen. Oben gab es ein großes Büfett mit warmem und kaltem Essen, unten befanden sich die Bar, die Bühne und mehrere Stehtische. Kellner bahnten sich ihren Weg durch die dicht gedrängten Reihen und servierten Getränke. Da es regnete, hielten sich fast alle Gäste in den Innenräumen des Schiffs auf, unten war es noch voller als oben.

Dennis nahm mich am Arm, und wir bewegten uns durch die Reihen; die Männer waren deutlich älter als die auffallend hübschen Frauen. Ein alter Mann mit einem Karl-Marx-Bart verstellte Dennis den Weg, redete minutenlang auf ihn ein und lud ihn am Ende für ein Wochenende in sein Ferienhaus an der Ostsee ein. Dennis nahm die Einladung an, Marx frohlockte, und wir liefen weiter.

»Wer war denn das?«, fragte ich.

»Keine Ahnung«, sagte Dennis und zuckte mit den Schultern.

Eine dunkelhaarige, groß gewachsene Frau in einem roten Abendkleid fiel Dennis von hinten um den Hals, rief »Warte«, eilte fort und kam mit zwei Gläsern Champagner zurück. Sie reichte Dennis ein Glas, die beiden umarmten und küssten sich auf die Wangen, dann stießen sie miteinander an. Die Frau hieß Vanessa, war die Freundin des Jubilars und ein paar Jahre jünger als ich.

»Ich habe deine neuen Entwürfe gesehen«, sagte sie begeistert. »Du bist ein Genie!«

»Und im Bett eine Kanone«, antwortete Dennis.

Die beiden lachten, dann berichtete Vanessa von ihrer abenteuerlichen Reise durch Zentralasien. Mit dem Sammeltaxi seien sie und ihr Mann durch ein Hochgebirge gefahren, so wie es die Einheimischen tun.

»Es gab überhaupt keine Straßen, nur so schmale Schotterpisten«, erzählte sie, »und dann gucke ich aus dem Fenster und sehe auf einmal, wie während der Fahrt in einer Kurve eines der Hinterräder an uns vorbeirollt und in eine Schlucht stürzt! Der Wagen hielt an, Gerhard und ich sind aus dem Wagen gesprungen und haben gesehen, dass das andere Hinterrad bloß von zwei Schrauben festgehalten wurde, die überhaupt keine Windungen mehr hatten. Nach dieser Reise brauchten wir erst einmal Urlaub. Wir haben uns für ein paar Tage ins Waldhotel verkrochen, es war wunderschön, nur leider gab es kein Zimmer mehr mit Blick auf das Fextal.«

»Wo ist Gerhard eigentlich?«, fragte Dennis.

Vanessa wusste es nicht. Wir gingen weiter, um ihn zu suchen, und fanden ihn neben der Bühne im Gespräch mit einem pummeligen Herrn mit einem monströsen Backenbart und einer Pickelhaube auf dem Kopf.

»Der Mann mit der Haube ist Maler«, erklärte mir Dennis. »Er porträtiert nur Haustiere. Ich habe kürzlich eine Ausstellung von ihm gesehen, mit dreißig oder vierzig Ölgemälden von Wellensittichen. Hansi blau, Hansi weiß, Hansi gelb. Seit er mit einer Nachrichtensprecherin zusammen ist, kosten seine Bilder ein Vermögen.«

Wir traten zu den beiden, die Pickelhaube umarmte Dennis und drückte ihm drei Küsschen auf die Wange. Dennis gratulierte dem Schönheitschirurgen im weißen Smoking, schwarzem Hemd und weißer Fliege, auch ich gab den beiden die Hand.

»Gut, dass du da bist«, sagte der Jubilar zu Dennis. »Wir sprechen gerade darüber, wie großartig viele Maler schreiben können. Denk nur an die Schriften von Cézanne oder an die Briefe von Beckmann oder an die Warhol-Interviews. Ich mag ja auch sehr die erste Autobiografie von Dalí, aber das darf ich hier nicht laut sagen.«

»Viele Künstler leben ja allein von ihrem schriftstellerischen Talent«, ergänzte die Pickelhaube. »›Jetzt geh ich in den Birkenwald, denn meine Pillen wirken bald.‹ Bei so einem Klassetitel ist es doch scheißegal, wie die Kunst dazu ausschaut!«

»Wie sieht es denn bei den Bildhauern aus?«, fragte der Jubilar Dennis. »Bestimmt sind auch ganz viele tolle Autoren darunter?«

Dennis dachte nach und streichelte währenddessen mit der Hand seinen nackten Bauch – das weiße T-Shirt, das er trug, war viel zu kurz.

»Als erstes fällt mir natürlich Barlach ein«, sagte er schließlich zögernd. »Wobei ich seine Dramen nicht kenne, aber ›Seespeck‹ ist klasse!«

Nach kurzer Zeit lief ich weiter, obwohl mich das Gespräch eigentlich interessierte, aber ich wollte nicht die ganze Zeit an Dennis' Rockschoß hängen – außerdem musste ich auf die Toilette. Es dauerte einige Zeit, bis ich diese gefunden und mich dorthin durchgekämpft hatte.

Über den Pissoirs hingen gerahmte Fotos von Kindern mit Penisnasen und Vaginamündern. Die minderjährige Künstlerin, die diese Collagen gemacht hatte, war, wie Dennis mir später erzählte, ebenfalls an Bord. Sie stammte aus einer bekannten Fotografenfamilie und hatte bereits mit vierzehn ihren ersten Kunstpreis erhalten.

Nachdem ich mich erleichtert hatte, belud ich am Büfett einen Teller mit Meeresfrüchten, Fisch, Kartoffelgratin und einer Scheibe Sauerbraten. Ich setzte mich an einen Tisch zu zwei älteren Herren, die über einen der Anwesenden redeten.

»In München hat er sich dann für Dreißigtausend einen Meese andrehen lassen«, erklärte der Mann mit der herzförmigen Brille.

»Dreißigtausend tut weh«, antwortete sein Gegenüber, der seine grauen Haare zu einem winzigen Zopf zusammengebunden hatte. »Aber das muss es auch.«

»Klar«, entgegnete der andere Mann, »aber das Bild war fast weiß und stammte aus dem letzten Jahr.«

»War denn ein Eisernes Kreuz drauf?«, fragte der Zopfträger. »Und ein Stahlhelm?«

»Weder noch«, sagte der Mann mit der Brille und schüttelte den Kopf.

»Eijeijei«, rief der Zopfträger und klatschte in die Hände. »Dann hat er sich übers Ohr hauen lassen!«

Er winkte einen Kellner herbei und ließ sich ein Glas mit Weißwein reichen.

»Fährst du eigentlich nach Miami?«, fragte der Zopfträger und trank einen Schluck Wein.

»Nein«, antwortete die Herzbrille. »Ich mache dieses Jahr nur Köln und Basel. Und vielleicht noch Venedig.«

Ich ging zur Bar und hatte unverschämtes Glück: Als ich kam, wurde einer von zwei Barhockern frei, auf dem Hauptdeck gab es sonst keine Sitzgelegenheiten. Ich nahm Platz und beschloss, nie mehr aufzustehen – hätte ich auf die Toilette gemusst, hätte ich den Hocker dorthin mitgenommen.

Ich ließ mir vom Barmann ein Glas Pils zapfen, doch nachdem ich gesehen hatte, dass man auch Hochprozentiges bestellen konnte, schwenkte ich auf Whisky um.

Ich saß an der Quelle, hatte den besten Platz an Bord und fühlte mich wie Gustav Gans. Amüsiert beobachtete ich die anderen Gäste. In meiner Nase waren tausend Düfte, auch die Männer rochen nach Parfüm. Auf einmal stand ein bekannter Fernsehmoderator neben mir, und ich konnte tief in sein Ohr schauen und seine makellose Haut Pore für Pore bewundern. Ich hörte Sätze wie »Sein wichtigstes Werk ist sein Netzwerk« oder »Ein Bild ist erst fertig, wenn es bezahlt ist« und stieß auf mein Glück an.

Man beobachtete mich, ich spürte es und kreuzte viele Blicke. Die Leute waren neugierig, weil sie nicht wussten, wer ich war. Ich genoss die Aufmerksamkeit, ein paarmal wurde ich angesprochen, ob ich nicht *Sprayer* oder neulich in München gewesen sei… Ich antwortete einsilbig und ausweichend und wollte mein Geheimnis nicht preisgeben. Ich hatte ja auch keins.

Dennis kam regelmäßig zu mir und wollte wissen, ob es mir noch gut ginge. *Natürlich!* Er unterhielt sich mit vielen Menschen, beim Reden streichelte er meist mit der Hand unter dem T-Shirt seinen flachen Bauch. Es war wie ein Markenzeichen. Immer wieder wurden ihm Getränke gereicht, man bot ihm auch Zigaretten an, manchmal griff er zu. In seinem Alter sollte man nicht mehr mit dem Rauchen anfangen, am liebsten hätte ich ihm die Zigaretten aus der Hand geschlagen.

Inzwischen tanzten fast alle Frauen, hemmungslos und überschäumend wie in einer Sektreklame. Ich hatte den perfekten Blick auf die Tanzfläche und wäre mit dem Schiff notfalls auch untergegangen – da standen plötzlich Dennis und Vanessa vor mir.

»Das Schiff hat angelegt«, brüllte Dennis in mein Ohr. »Wir machen uns vom Acker, willst du mitkommen?«

»Wohin denn?«, brüllte ich zurück.

»Tanzen!«, kreischte Vanessa.

»Aber du kannst doch auch hier tanzen«, meinte ich.

»Ich tanz doch nicht zu *Dschinghis Khan*«, rief sie empört.

»Aber du bist doch auch mit *Dschinghis Khan* zusammen«, grinste Dennis.

»Das sagst ausgerechnet du«, rief Vanessa und verpasste ihm zum Schein eine Ohrfeige. »Hier, ich hab was zum Durchstarten!«

Vanessa reichte erst ihm, dann mir eine türkisfarbene Tablette, die Dennis mit einem Schluck Sekt hinunterspülte.

»Du kannst auch hierbleiben«, meinte Dennis zu mir. »Du hast ja die Schlüssel.«

»Nein, ich will mit«, sagte ich und war selber überrascht über die Antwort. Ich nahm die Tablette in den Mund und spülte sie mit dem Rest Whisky hinunter.

»Dann auf die Plätze, fertig, los«, rief Vanessa vergnügt.

Kaum war ich vom Hocker gerutscht, beerdigte auch schon ein fremder Hintern die Sitzfläche… Jetzt gab es kein Zurück mehr.

An der Garderobe ließen wir uns unsere Jacken aushändigen und gelangten über einen schwankenden Steg an Land. Es regnete immer noch. Wir eilten zur Straße, und Dennis hielt auf der Brücke ein Taxi an.

»Wo ist denn Vanessa?«, fragte ich Dennis.

»Die kommt nach«, antwortete er. »Sag mal, hast du eigentlich vorher schon mal Ecstasy genommen?«

Ich schüttelte den Kopf.

»Dann musst du gleich ganz viel Wasser trinken«, sagte er, öffnete die Wagentür, stieg hinten ein, rutschte einen Sitz weiter und machte mir Platz.

Während der Autofahrt konnte ich nicht aus dem Fenster schauen, die Lichter flackerten, mir wurde heiß, ich musste die Augen schließen und ergriff Dennis' Hand.

»Du bist echt zu beneiden«, sagte ich mit trockenem Mund. »Du hast es geschafft, Mann, was für ein Leben, das ist der Wahnsinn.«

»Was heißt denn geschafft?«, erwiderte Dennis. »Klar, ich habe Geld, das macht locker, logisch, und es wird auch immer mehr. Aber Geld macht doch nicht glücklich. Manchmal würde ich viel lieber so wie du leben, so normal, mit Frau und Hund und geregelten Arbeitszeiten. Später dann Haus, Kinder, Garten, Baum pflanzen und dreimal im Jahr Urlaub.«

»Ich kann Hunde nicht ausstehen«, stöhnte ich.

»Und ich kann dieses Kunstgelaber nicht mehr hören«, erwiderte Dennis. »Diese ganzen Klatsch- und Tratschgeschichten und diese Selbstbeweihräucherung, dafür ist mir das viel zu wichtig. Ich nehme die Kunst ernst, aber doch nicht die Künstler. Oder die Kunstkäufer. Hallo, können Sie die Musik ausmachen?«

Der Fahrer reagierte nicht. Dennis beugte sich vor und bat den Fahrer erneut, das Radiogerät auszuschalten. Murrend drehte er die Musik leiser.

»Sagen Sie mal, sind Sie taub?«, fuhr Dennis ihn an. »Ich habe ausmachen gesagt!«

Die Musik verstummte.

»Die Leute tun alle so scheißfreundlich«, wandte sich Dennis wieder an mich, »aber in Wirklichkeit wollen sie dich nur aufs Kreuz legen. Es geht immer ums Geld. Und um Macht, Markt, Einfluss. Erfolg hat nichts mit Können zu tun, du musst einfach nur durchhalten und die Scheiße ertragen.«

»Aber warum tust du dir das an?«, fragte ich Dennis und sah ihn an.

»Was soll ich denn tun?«, sagte er und zuckte mit den Achseln. »Ich kann doch nicht den großen Verweigerer mimen.

Nein, danke, ich möchte lieber nicht. Quatsch, eins habe ich vom Beton gelernt: Du musst hart werden! So, da sind wir.«

Wir waren nicht lang gefahren, vielleicht zehn Minuten, dann hielt das Taxi am Rande eines brachliegenden Bahngeländes. Wir stiegen aus, Dennis ließ sich vom Fahrer das Wechselgeld geben und warf es in die Öde.

»So viel zum Thema Trinkgeld«, sagte er in Richtung des Fahrers. »Hier lang, Mark.«

Das Taxi wendete und fuhr mit quietschenden Reifen davon.

Ein mit Bauzäunen abgetrennter Weg führte zu einem monumentalen, neoklassizistischen Industriebau, aus dem dumpfe Bässe grollten. Rotes, grünes und weißes Licht pulsierte in den riesigen Fenstern des kantigen Gebäudes, vor dem Eingang stand eine bestimmt zweihundertköpfige Warteschlange.

»Hat der Laden noch gar nicht auf?«, fragte ich Dennis. »Müssen wir uns da jetzt anstellen?«

Dennis schüttelte den Kopf. Trotz des Regens reihten sich die Leute geduldig in der Schlange. Wir liefen an ihnen vorbei, und ich hörte Satzfetzen in vielen Sprachen. Die Eingangstür bewachte ein Mann in einem schwarzen Anzug mit einer bunten Schärpe und einer roten Fliege um den Hals. Er war an den Händen und im Gesicht tätowiert und wie ein Weihnachtsbaum mit Silberschmuck behangen – der Mann sah aus wie der Feldherr einer dämonischen Fantasiearmee, selbst Erik wirkte gegen ihn wie ein Regensburger Domspatz.

Dennis grüßte den Türsteher, er nickte. Dennis ging an ihm vorbei, ich war ein paar Meter hinter ihm und wollte ihm folgen, wurde jedoch zurückgewiesen.

»Du nicht«, verkündete der Türsteher barsch.

Erschrocken rief ich Dennis um Hilfe. Er drehte sich um, eilte zu mir und zog den Türsteher zur Seite. Minutenlang redete er auf ihn ein, was er sagte, verstand ich nicht. Hinter mir machte sich eine Gruppe betrunkener Briten über mich lustig – schließlich drehte sich der Türsteher um und gab mir das Zeichen weiterzugehen. Ich wollte ihn fragen, warum er mir den Zutritt zunächst verweigert hatte, doch Dennis packte mich am Arm und zog mich fort.

Ein Schnauzbart, der von oben bis unten in braunes Leder gehüllt war und wie eine Handtasche aussah, tastete mich ab. Nachdem Dennis unseren Eintritt bezahlt hatte, öffneten sich die Türen.

»Willkommen im Tempel!«, rief Dennis mit der Begeisterung eines übergeschnappten Showmasters. »Mal schauen, ob Steffi da ist.«

Das Foyer war riesig, und ich spürte den Druck der Musik bereits am ganzen Körper. An der Garderobe gaben wir unsere Jacken ab.

»Seit wann hörst du eigentlich Electro?«, fragte ich Dennis.

»Nur so zum Feiern«, antwortete er. »Übrigens heißt es nicht Electro, sondern Techno oder House.«

Im Erdgeschoss befanden sich eine mit riesigen schwarz-weißen Zeichnungen getäfelte Wand, eine Bar und ein Säu-

lengang mit mehreren Betonsofas – über eine breite Stahltreppe gelangten wir nach oben zur Tanzfläche.

Von Stufe zu Stufe wurde das Grollen gewaltiger, ich hatte
das Gefühl, direkt in ein Erdbeben hinaufzusteigen. Nach
dem Treppenabsatz gewann die Musik deutlich an Höhen,
und meine Freude wuchs ins Unermessliche. Es zischte in
meinen Ohren, als ich die ersten zuckenden Leiber auf der
Tanzfläche sah ... Ich war da!

Schon auf der Treppe hatte Dennis zu tanzen begonnen,
mit geballten Fäusten und pumpenden Armbewegungen –
auch ich bewegte meinen Kopf im Rhythmus, obwohl ich
mit dieser Art Musik sonst wenig anfangen konnte. Frauen
und Männer tanzten mich an, Jungen und Mädchen ...
Gleißende Scheinwerfer, glitzernde Wangen, gigantische
Betonpfeiler, monströse Lautsprecherboxen und eine kathe-
dralenhohe Decke – die Bilder waren überwältigend und un-
beschreiblich. Irgendwann stand ich neben Dennis am Tresen, trank eine Holunderlimonade und danach ein Bier und
war ganz verzaubert.

Später zeigte mir Dennis die Gemeinschaftstoilette – ich
hätte eher auf einen Basar oder eine Wartehalle getippt.
Ein Lockenkopf stand vor einer imposanten Pissrinne mit
Bahnhofskloausmaßen und unterhielt sich beim Pinkeln
mit zwei rauchenden Frauen. In die Toilettenkabinen verschwanden gleichzeitig zwei, drei, vier oder sogar fünf Menschen ... Es wurde gelacht und geraucht, geredet, geknutscht
und gefummelt, an diesem Ort hätte ich alles tun können,
nur nicht meine Notdurft verrichten.

Im oberen Geschoss gab es eine weitere Tanzfläche. Während wir hochliefen, zeigte Dennis unter die Treppe.

»Da geht es zum Darkroom«, rief Dennis. »Und ganz unten befindet sich noch einer.«

Oben begannen wir sofort zu tanzen. Nach einiger Zeit war ich inmitten eines Trupps wild und eckig tanzender Männer in Armeehosen mit nackten und verschwitzten, extrem muskulösen Oberkörpern, Halsbändern und kahl geschorenen Schädeln. Dirigiert wurde das Ensemble von einem kleinen bärtigen Männlein mit Lederkappe und Nietenweste, das wie Rainer Werner Fassbinder aussah. Ich fühlte mich unwohl, sah Dennis am Tresen stehen, eilte zu ihm und bestellte ein Bier.

»Um die Anziehungskraft der Erde zu überwinden, muss man dreißig Kilometer in der Sekunde zurücklegen«, sagte er unvermittelt zu mir, so als ob wir schon seit einer halben Stunde über das Thema diskutiert hatten. »Kannst du dir das vorstellen? Du startest in Duisburg, eine Sekunde später bist du in Gelsenkirchen und in der nächsten in Dortmund. Ist das nicht unfassbar! Und trotzdem krabbeln im Weltall Menschen.«

Er sah mich mit großen Augen an.

»Weißt du eigentlich«, fragte er mich, und sein Gesicht war ganz nah an meinem, »dass sich die Galaxien auseinanderbewegen, und zwar umso schneller, je weiter sie voneinander entfernt sind? Ist das bei den Menschen nicht genauso, sind wir nicht alle Galaxien?«

Ich hatte noch keine einzige seiner Fragen beantwortet,

als Vanessa ihn von hinten ansprang, umarmte und auf den Hals küsste.

»Na, ihr zwei«, rief sie. »Habt ihr mich vermisst? Ich hab euch was mitgebracht, zum Wohlfühlen.«

Sie zeigte uns mit einem breiten Grinsen das braune Fläschchen in ihrer Hand, schraubte den Deckel ab und spritzte mit einer Pipette eine Flüssigkeit erst in Dennis', dann in mein Glas.

»Zur Mitte, zur Titte, zum Sack, zack, zack!«, befahl sie.

Dennis und ich hoben unsere Gläser und stießen miteinander an. Er trank sein Glas in einem Zug aus, dann leerte ich meins.

»Mein Gott, ist das geile Musik!«, jubelte Vanessa. »Lass uns tanzen!«

Sie nahm Dennis' Hand und zog ihn auf die Tanzfläche. Die beiden tanzten langsam, eng und festlich wie auf einer Kreuzfahrtgala, ihre Bewegungen passten überhaupt nicht zur Musik. Ich bestellte ein weiteres Bier und wünschte mir, dass Katharina bei mir wäre.

Am Ende des Tresens drehte sich eine Frau von mir weg, ich hatte ihr Gesicht nur für einen kurzen Moment gesehen – sie sah aus wie Steffi. Schon die ganze Zeit hatte ich nach meiner Exfreundin Ausschau gehalten. Ich schlängelte mich durch die tanzenden Menschen, und kurz bevor ich die Frau erreicht hatte, drehte sie sich um, und wir schauten uns an: Sie sah tatsächlich aus wie Steffi, war aber höchstens fünfundzwanzig Jahre alt!

Ernüchtert kehrte ich zu meinem Bier zurück und sah

gerade noch, wie Vanessa und Dennis Händchen haltend fortgingen. Ich folgte ihnen, sie liefen die Treppe hinab, ich war ein paar Schritte hinter ihnen, sie schlenderten zum Eingang des Darkrooms... Und verschwanden in der Schwärze!

Ich blieb stehen und war wie versteinert. Ich wusste nicht, was ich tun sollte und starrte in die Dunkelheit. Ich wollte Dennis und Vanessa folgen – nicht um Sex zu haben, es war einfach nur Neugier. Ich stellte mir Hände vor, die aus dem Dunkel nach mir greifen, Flüstern und Schreie. Mein Herz pochte wild, und meine Zunge klebte am Gaumen fest. Es wären bloß zwei, drei Schritte gewesen – doch mit jedem Augenblick meines Zögerns wuchs in mir die Angst.

Am Ende drehte ich mich um, lief ziellos umher und war von mir selbst enttäuscht. Ich suchte die Toilettenräume auf. Eine Kabinentür war nicht verschlossen, zwei knabenhafte Südländer standen darin und hatten auf dem Klopapierhalter mehrere Bahnen weißen Pulvers ausgestreut. Ich zwängte mich zu den beiden in die Kabine, sie protestierten auf Spanisch oder Portugiesisch, ich verstand kein Wort. Am Ende riss ich dem Kleineren von beiden den zusammengerollten Geldschein aus der Hand und zog eine der ausgelegten Bahnen.

Zzzzzz.

Das war kein Kokain gewesen, das wusste ich sofort. Meine Nase und mein Rachen brannten, in den Ohren spürte ich einen unangenehmen Druck und vernahm ein hohes Pfeifen. Mein Kopf schien in einem Taucherhelm zu stecken, das Pfeifen wurde immer lauter. Rückwärts torkelte ich aus der Toilettenkabine und stieß mit dem Rücken gegen die Wand. Ich ging in die Knie, drehte mich um und presste meine Stirn gegen die Fliesen. Ein braunes Eichhörnchen hockte neben mir und sah mich an. Es grinste wie ein Teufel. Ich schloss die Augen und sackte zusammen.

Als ich die Augen wieder öffnete, stand Katharina neben mir, lächelte und hielt meine Hand. Ich befand mich in einem Krankenhauszimmer und hing an einem Tropf. Ich hätte einen Kreislaufkollaps erlitten, ein Notarztwagen sei daraufhin verständigt worden und habe mich ins Krankenhaus gebracht. In meinem Portemonnaie habe man meinen Organspendeausweis mit Katharinas Kontaktdaten gefunden und sie angerufen. Sie sei daraufhin sofort ins Auto gestiegen und nach Berlin gefahren, ohne ein einziges Mal anzuhalten. Ich war froh, dass sie bei mir war, hatte deswegen aber auch ein schlechtes Gewissen.

»Aber das musst du nicht«, sagte sie mit der Stimme eines Engels.

An der Wand hing meine Jacke, und auf dem Stuhl stand die Sporttasche, mit der ich nach Berlin gereist war.

»Wo ist Dennis?«, fragte ich.

Katharina wusste es nicht. Sie hatte zwar bei Dennis angerufen, aber nur seinen Assistenten erwischt. Mario sei dann ins Krankenhaus gekommen und habe die Tasche vorbeigebracht. Auch er konnte Dennis nicht erreichen.

Ich wollte das Krankenhaus so schnell wie möglich verlassen. Katharina sprach mit den Schwestern, von ärztlicher Seite gab es keine Bedenken.

Bevor ich entlassen wurde, gab es noch eine Menge Papierkram zu erledigen – Katharina kümmerte sich um alles. Sie behandelte mich wie ein rohes Ei … Und das war ich auch.

Als wir in den Polo stiegen, war es schon dunkel.

»Fahren wir zu Dennis?«, fragte ich Katharina. »Er macht sich bestimmt Sorgen.«

Katharina schüttelte den Kopf – sie hatte Mario bereits die Wohnungsschlüssel zurückgegeben.

Um kurz vor Mitternacht kamen wir in Bochum an, ich hatte fast die gesamte Autofahrt über geschlafen. Ich war glücklich, als ich mich in unser Bett legte, und dankte demjenigen, der meine Jacke an der Garderobe ausgelöst und sie dem Notarzt mitgegeben hatte.

16 Kaviar

Ich hätte auch tot sein können, hatten die Ärzte gesagt. Alkohol, Kokain, eine Ecstasy-Tablette, GBL-Tropfen und zum Schluss Ketamin... Die Kombination sei lebensgefährlich gewesen. Katharina konnte nicht begreifen, dass ich all diese Substanzen ohne nachzudenken in mich hineingestopft hatte. Sie war schockiert, enttäuscht, fing immer wieder an zu weinen und machte mir Vorwürfe – natürlich hatte sie recht! Ich hatte mich wie einer meiner Schüler benommen, und mir wird noch immer übel, wenn ich daran zurückdenke.

»Mein Gott, wie alt bist du eigentlich?«, schrie sie und hätte fast ihre Teetasse gegen die Wand geworfen.

Noch wütender war Katharina auf Dennis. Ihrer Meinung nach hätte er mich warnen und zurückhalten, wenigstens aber auf mich achtgeben müssen. Dass er sich stattdessen im Darkroom mit einer Frau vergnügte, deren Partner ein Bekannter von ihm war, fand sie abscheulich.

Katharina wollte Dennis zur Rede stellen und rief ihn am Tag nach unserer Rückkehr aus Berlin an. Nicht er, sondern sein Assistent nahm den Hörer ab, angeblich war Dennis immer noch nicht nach Hause gekommen... Ich konnte es nicht glauben. Selbst wenn Dennis nichts von meinem Zusammenbruch wusste, so war ich immer noch sein Gast, und wir hatten für den Sonntag gemeinsame Pläne geschmiedet: Er wollte mir den Reichstag zeigen, den Mauerpark und die Hackeschen Höfe.

Bestimmt eine halbe Stunde lang sprach Katharina mit Mario und wurde dabei immer zorniger. Dennis solle sich ja hüten, in Zukunft bei uns anzurufen.

»Der Zug ist abgefahren«, rief sie mit heiserer Stimme in den Hörer und legte dann auf.

Ich machte Dennis keine Vorwürfe, dass er mich in der Diskothek allein gelassen hatte, aber dass er sich überhaupt nicht mehr bei mir meldete, fand ich kläglich. Ich wartete Stunden auf seinen Anruf, Tage, Wochen… Mit jedem Tag mehr, der verstrich, ohne dass wir miteinander sprachen, wurde die Situation verfahrener. Plagte ihn das schlechte Gewissen, war er beleidigt oder hatte er gar nicht bemerkt, dass ich abgereist war? Ich machte mir zeitweise sogar Sorgen um Dennis, doch über meinen Schatten springen und ihn anrufen wollte ich nicht.

Katharina sah, wie sehr ich unter der Situation litt, daher wollte sie nach ein paar Wochen Dennis anrufen und sich bei ihm für ihren Wutausbruch am Telefon entschuldigen. Das aber ließ ich nicht zu! Dennis wusste, welche schwere Zeit Katharina wegen der Krebserkrankung ihrer Mutter gerade durchmachte – außerdem hatten wir keine Ahnung, was Mario ihm ausgerichtet hatte.

Nach einigen Monaten gab ich das Warten auf und dachte nicht mehr oft an Dennis. Doch als ich eines Nachmittags eine Verabredung in der Nähe der Wohnung seiner Eltern hatte, ergriff mich schon am frühen Morgen Unruhe – seit meinem Besuch in Berlin war knapp ein Dreivierteljahr vergangen. Ich kam in die Gegend, weil ich mir einen alten Massivholzschreibtisch anschauen wollte, der wegen einer Wohnungsauflösung abzugeben war. Mit viel Geduld richteten Katharina und ich unsere Wohnung ein, erstmals hatten wir Zeit und Geld dafür.

»Früher habe ich mich selber gern hübsch gemacht«, sagte Katharina einmal mit einem Lachen, »heute dekoriere ich lieber meine Wohnung.«

Wochenlang wälzten wir Kataloge, um einen passenden Abfallsammler für unsere Küche zu finden, wir freuten uns auf die Haushaltswochen nach Weihnachten und liefen durch Lampengeschäfte und Einrichtungshäuser wie durch Kunstmuseen.

Mit Bus und Bahn fuhr ich nach dem Unterrichtsschluss in die vertraute Gegend. In der Straßenbahn saß ich neben zwei alten, laut redenden Frauen, die sich mit Leidensgeschichten ihrer kranken Nachbarn überboten. Schmerzhafte Geschwüre, befallene Lymphknoten, betrunkene Fußballfans, weinerliche Trennungsszenen … Je älter ich werde, um so unwohler fühle ich mich im öffentlichen Nahverkehr.

Der Besichtigungstermin dauerte keine fünf Minuten, der Tisch war schön, doch zwei Wasserflecken verunstalteten die Tischplatte. Obwohl es regnete und ich keinen Schirm bei mir trug, ging ich nach der Besichtigung noch ein wenig in der Nachbarschaft spazieren. Als ich zum zweiten Mal an der Garage vorbeikam, in der eine Zeit lang Dennis' Atelier untergebracht war, brauste um die Ecke ein knallbunter Sportwagen und fuhr mit jaulendem Motor auf mich zu.

Einen halben Meter vor mir kam das Auto, das so flach wie eine Schildkröte war, zum Stehen. Die beiden Flügeltüren öffneten sich, und aus der Beifahrerseite des Autos sprang ein riesiger Hund, der kläffend und mit wedelndem Schwanz auf mich losraste, mich ansprang und dabei fast umriss ... Dog!

»Na, du Monster«, rief ich lachend, streichelte ihn und knetete seinen Nacken. »Wir haben uns ja seit Ewigkeiten nicht mehr gesehen.«

Meine Freude war nicht gespielt. Ich hatte nie verstanden, warum Dennis den einen Hund liebte und den anderen nicht. Mühevoll krabbelte Dennis' Vater aus dem Fahrzeug, ich lief zu ihm, und wir reichten uns die Hand.

»Mark, wie schön, dich zu sehen«, begrüßte er mich. »Wolltest du zu uns?«

»Wahrscheinlich«, antwortete ich.

»Da wird sich Christel aber freuen«, entgegnete Dennis' Vater. »Warte, ich stelle den Wagen in die Garage, dann gehen wir hoch.«

Im Küchenfenster der Wohnung von Dennis' Eltern war der Kopf seiner Mutter aufgetaucht, sie hatte mich erkannt, und wir winkten uns zu.

»Meine Güte«, sagte ich, »sie fahren aber einen heißen Schlitten!«

Ich lief um den Sportwagen herum, der aussah wie die Trumpfkarte aus einem Autoquartettspiel.

»Ja, Wahnsinn!«, antwortete Dennis Vater. »Die Kiste hat dreihundertdreißig Sachen drauf und beschleunigt in vier Sekunden von null auf hundert, aber in den Kofferraum passt kein Kasten Wasser.«

Er zögerte einen Moment, dann sah er mich an.

»Dennis hat mir das Auto geschenkt«, sagte er mit leiser Stimme. »Natürlich wollte ich das Geschenk nicht annehmen, aber du kennst ja Dennis. Wenn er sich etwas in den Kopf setzt, kann ihn nichts davon abbringen.«

Ich nickte. Dennis' Vater krabbelte zurück in den Wagen.

»Wenn du wüsstest, wie gern sich Christel in dem Auto von mir durch die Gegend kutschieren lässt«, rief er lachend. »Ich erkenne meine Frau gar nicht wieder!«

Nachdem Dennis' Vater das Auto in der Garage abgestellt hatte, gingen wir hoch in die Wohnung. Dog hüpfte hin und her und schüttelte sich vor Freude. Der Vater erzählte, dass der Wagen eines Tages vor der Tür gestanden hätte – als Dank dafür, dass seine Eltern damals ihr Auto für ihn verkauft hatten. Angeblich hatte Dennis den Wagen günstig von dem Hauptsponsor eines Kunstfestivals, in dem er ausgestellt hatte, erworben. Wie viel er für den Wagen aber tatsächlich bezahlt hatte, das wusste sein Vater nicht – und er wollte es auch gar nicht wissen.

Das Geschenk war typisch für Dennis. In dem einen Jahr konnte er sich kein Busticket leisten, in dem anderen verschenkte er Sportwagen. Er ließ alles auf sich zukommen.

Hatte er Geld, warf er es zum Fenster hinaus, wenn nicht, löffelte er Wassersuppe. Diese Ungewissheit hätte mich in den Wahnsinn getrieben.

Dennis' Mutter kam uns im Treppenhaus entgegen, und ich erschrak – seit unserer letzten Begegnung war sie unheimlich gealtert. Wäre sie in die Straßenbahn gestiegen, hätte ich ihr sofort meinen Sitzplatz angeboten.

Wir setzten uns in die Küche, die Mutter kochte eine Kanne viel zu starken Kaffee. Am Ende hatte ich bestimmt ein Dutzend Döschen mit Kondensmilch in meine Becher gekippt und musste den Kaffee trotzdem noch mit Zuckerwürfeln süßen. Dennis' Eltern wollten wissen, wie es mir ging – sie fragten nach Katharina, meiner Arbeit und unserer Wohnung in Stiepel. Ich war überrascht, wie gut sie über mich Bescheid wussten. Dennis hatte ihnen offenkundig viel von mir erzählt.

Seine Eltern wussten auch, dass ich Dennis in Berlin besucht und dort einen Zusammenbruch gehabt hatte – die näheren Umstände kannten sie hoffentlich nicht.

»Der Junge ist sehr traurig«, meinte sein Vater, »weil ihr zwei gar nicht mehr miteinander redet.«

»Ja«, ergänzte die Mutter, »ihr seid doch früher die besten Freunde gewesen. Und Dennis hat die Zeit mit dir in Berlin so genossen, er schwärmt heute noch davon.«

»Aber warum meldet er sich dann nicht mehr bei mir?«, fragte ich zurück.

»Er fühlt sich schuldig«, antwortete sein Vater, »weil er dich im Stich gelassen hat.«

»Ja, er macht sich Vorwürfe«, sagte die Mutter, »weil er dir nicht geholfen hat, als es dir so schlecht ging.«

Ich schüttelte den Kopf, holte tief Luft, betrachtete den Apothekenkalender an der Wand und las den handschriftlichen Eintrag am Monatsende: *Gelbe Tonne.*

»Ach, Dennis, du Sturkopf!«, sagte ich und schüttelte den Kopf, machte eine Pause und wandte mich dann an seine Eltern. »Ich glaube, ich muss ihn mal anrufen und das Missverständnis aus der Welt schaffen.«

Seine Eltern waren glücklich über meine Antwort – sein Vater klopfte mir auf die Schulter, seine Mutter nahm meine Hand und drückte sie.

»Ich zeig dir was«, sagte die Mutter aufgeregt, stand auf und verließ die Küche.

Mit einem großen, dicken Album unterm Arm kam sie zurück. Sie legte es vor mich auf den Tisch, setzte sich neben mich auf die Eckbank und schlug die erste Seite auf. In dem Album sammelten seine Eltern Zeitungs- und Zeitschriftenartikel über ihren Sohn und seine Arbeit, alle Artikel waren sorgfältig ausgeschnitten und nach dem Erscheinungsdatum sortiert eingeklebt worden.

Es begann mit dem Artikel über Dennis' Ausstellung im Frauenhaus, dann folgten mehrere kleine Textmeldungen. Zwischen den Veröffentlichungen lagen große Zeitspannen. Von Seite zu Seite wurden die Abstände kürzer und die Artikel länger. Es kamen Fotos hinzu, von Dennis und seinen Werken.

Das Album verschlug mir die Sprache, ich hätte nicht gedacht, dass schon so viel über Dennis' Arbeit geschrieben worden war. Ich bestaunte einen mehrseitigen Aufsatz in Englisch über seine Betonblumen – sogar in Zeitschriften mit asiatischen Schriftzeichen waren Fotografien von Dennis und seinen Werken abgebildet.

Nachdem ich die letzte Seite aufgeschlagen und überflogen hatte, sprang die Mutter auf.

»Wir haben schon ein zweites Album angefangen«, rief sie fröhlich. »Warte, ich hole es.«

»Nein, komm mit, Mark«, sagte der Vater zu mir. »Ich kann dir noch mehr zeigen.«

Ich folgte den beiden in Dennis' altes Zimmer. In dem Zimmer standen noch dieselben Möbel wie früher, nur Dennis' Sachen und sein Chaos fehlten. Der Raum wirkte auf mich vertraut, gleichzeitig aber auch fremd und leer. Die Porzellanpuppen und die Spielzeug-Biertrucks in den Regalen empfand ich als unwürdige Platzhalter.

Die Mutter öffnete eine Schranktür und zeigte auf einen Stapel Bücher und Broschüren.

»Die sind auch von Dennis«, sagte sie und reichte mir das oberste Exemplar.

Es war ein dünner, großformatiger Katalog zu einer Ausstellung in Mannheim mit Dennis' schwarzer Patronenserie. Die Ausstellung war erst wenige Tage zuvor zu Ende gegangen.

In dem Fach unter dem Bücherstapel befand sich das zweite Album, das von außen genauso aussah wie das erste. Daneben lagen mehrere Zeitungsbogen.

»Das sind die neuen Artikel«, erklärte die Mutter. »Die muss ich noch einkleben.«

Regelmäßig schickte Dennis seinen Eltern Zeitungen und Zeitschriften mit Berichten über ihn, manchmal bekamen sie in einer Woche sogar mehrere Päckchen.

»Der Junge ist auch schon öfters im Fernsehen aufgetreten«, sagte Dennis' Vater. »Ich habe alle Sendungen aufgezeichnet. Wenn du willst, können wir uns die nachher anschauen.«

Ich vernahm ein hohes, unangenehmes Pfeifen, das immer lauter wurde.

»Hören Sie das auch?«, fragte ich die beiden. »Was ist denn das?«

»Ach, das ist nur die Heizung«, antwortete die Mutter. »Keine Sorge, das Geräusch verschwindet nach ein paar Minuten wieder.«

»Bestimmt müssen die Heizkörper entlüftet werden«, vermutete ich.

»Nein, nein«, winkte der Vater ab, »daran liegt es nicht. Die Heizung ist einfach nur alt.«

Die Mutter nahm das Album aus dem Schrank, wir gingen zurück in die Küche und setzten uns an den Tisch. Ich blätterte durch das Album, Dennis' Eltern schauten mir über die Schulter, auf einmal stutzte ich. In einem groß aufgemachten Zeitungsartikel ging es um Dennis' jüngste Arbeit, eine Serie mit dem Titel »Inklusen«, in der Dennis kostbare Kaviardosen in Betonplastiken verschwinden ließ. Aufgeregt las ich den Artikel Zeile für Zeile ... Das war genau die Idee, die Lily und ich ihm in Düsseldorf vorgeschlagen hatten.

Der Rogen des Belugastörs gelte als einer der teuersten und begehrtesten Luxusartikel der Welt, in jede der sechzehn »Inklusen«-Plastiken habe Dennis eine Kaviardose einbetoniert, insgesamt sechzehn Kilogramm schwarzes Gold. Die Plastiken seien ein Vermögen wert, allein wegen des kostbaren Inhalts – seine künstlerische Leistung habe Dennis gar nicht in Rechnung gestellt, der Verkaufspreis der Plastiken ergebe sich aus dem reinen Marktwert des Kaviars.

Die Käufer der Plastiken mussten sich nun entscheiden, ob sie die Kunstwerke erhalten oder an die Dosen gelangen wollten – letzteres sei allerdings nur möglich, wenn sie die Plastiken zerstörten. Kunst oder Kaviar? Dennis' Arbeit sei eine Form der Kapitalismuskritik: Während die Fischeier in der Betonschale verderben, steige mit jeder zerstörten Plastik der Seltenheitswert der übrig gebliebenen Kunstwerke. Ein Schweizer Geschäftsmann habe aus diesem Grund gleich drei Plastiken erworben, von denen er zwei zerstörte, um an den wertvollen Kaviar zu gelangen – die dritte Plastik aber ließ er in sein Privatmuseum am Genfer See schaffen.

Auch auf den nächsten Seiten des Albums ging es um Dennis' »Inklusen«-Serie. Die Artikel stammten aus den vergangenen Monaten, ich las sie mit wachsender Anspannung. Seine Eltern sahen mir meine Erregung an und wussten nicht, wie sie darauf reagieren sollten.

In einem Interview wurde Dennis gefragt, wie er auf die Idee gekommen sei, Kaviardosen in Beton einzugießen. Dennis erzählte von seiner Faszination für Bernstein-Einschlüsse, in denen Lebewesen im Moment ihres Todes für Jahrmillionen Jahre konserviert seien. Er kam dann auf Einsiedler im Mittelalter zu sprechen, die sich aus religiösen Gründen einmauern ließen, schließlich erwähnte er einen Sizilianer, der zum Mafiaboss aufstieg, weil ihm das Einbetonieren seiner Feinde so viel Spaß machte.

Mit einem Knall schlug ich das Album zu und hätte vor Wut hineinbeißen können! Dass Dennis Ideen von Lily und mir aufgriff und verarbeitete, störte mich nicht, ich hatte es ihm ja selbst angeboten, aber dass er meine Romanidee in die Welt hinausposaunte, war eine Sauerei. Und dass er nicht die Größe hatte, Lilys und meine Urheberschaft zu erwähnen und uns für die Inspiration zu danken, war ein Skandal!

Dennis' Eltern spürten meine plötzliche Verbitterung.

»Es kommen noch mehr Seiten«, sagte die Mutter mit zaghafter Stimme und zeigte auf das Album.

»Ich habe genug gesehen«, stieß ich hervor und erhob mich. »Ich muss los.«

Seine Mutter stand auf und machte mir Platz, ich rutschte von der Eckbank. In der Diele zog ich meine Jacke an und verabschiedete mich mit knappen Worten. Aufgeregt rannte Dog zwischen meinen Beinen herum und wollte mich nicht gehen lassen. Als ich die Treppe im Hausflur hinunterlief, war mir übel – und das lag nicht am viel zu starken Kaffee.

»Ihr zwei solltet euch wieder vertragen«, rief die Mutter mir hinterher.

Ich sagte nichts. In seinen Betonplastiken hatte Dennis nicht nur Fischeier begraben.

17 Trau dich!

Ein paar Monate nach meinem Besuch bei Dennis' Eltern verbrachten Katharina und ich ein verlängertes Wochenende in Berlin. Es war wie in einem Hollywood-Liebesfilm mit Rosenbad, Kerzenscheindinner und einem übergewichtigen männlichen Hauptdarsteller... Bei Dennis meldete ich mich gar nicht. Ich war nicht nachtragend oder böse auf ihn, ich hatte einfach nur festgestellt, dass es Wichtigeres im Leben gibt als eine durchhängende Schulfreundschaft.

Als die Ärztin Katharina mitteilte, dass sie ein Kind bekomme, rechneten wir nach und kamen zu dem Ergebnis, dass Laura in Berlin gezeugt wurde – für mich war sie damit eine waschechte Berlinerin. Ein paar Wochen später hielt ich in unserem Lieblingsrestaurant um Katharinas Hand an. Der Koch hatte für uns ein fantastisches Menü gezaubert. Schon als Katharina den Vorspeisenteller sah, wusste sie, dass ich ihr gleich einen Heiratsantrag machen würde... Vor Aufregung konnten wir beide nichts essen. Als wir spät am Abend das Restaurant verließen, trug ich in mehreren Plastiktüten das Hauptgericht und alle Nachspeisen bei mir.

Hätte ich geahnt, wie viel Planung und Organisation eine Hochzeit bedurfte, wäre ich lieber spontan nach Las Vegas geflogen und hätte mich von einem Elvis-Imitator trauen

lassen. So viele verschiedene Dinge mussten bedacht, gemacht und bezahlt werden. Wahrscheinlich wäre es sogar
billiger gewesen, wenn wir uns in Las Vegas von Siegfried
und Roy persönlich hätten trauen lassen.

Unsere Hochzeitsreise nach Teneriffa holten wir erst zwei
Jahre später nach – am Tag unserer Trauung war Katharina
im siebten Monat schwanger. Ich war ganz vernarrt in ihren
Kugelbauch, er sah aus wie ein riesengroßes Überraschungsei.
Wir beide nahmen bereits an einem Geburtsvorbereitungs-
kurs teil, in der Woche nach unserer Hochzeit stand zudem
meine amtsärztliche Untersuchung an. Trotz des Riesens-
tresses, den wir in dieser Zeit hatten, haben Katharina und
ich nur ein einziges Mal gestritten: Dennis sollte mein Trauzeuge werden, ich hatte es ihm einst versprochen.

Damit war Katharina nun gar nicht einverstanden. Sie
kenne Dennis überhaupt nicht und habe noch nie mit ihm
gesprochen – eine Zeit lang hielt sie ihn sogar für eine Ein-
bildung von mir. Erst Erik konnte ihre Zweifel beseitigen.

»Aber wer soll denn sonst mein Trauzeuge werden«,
fragte ich aufgebracht. »Mein Onkel vielleicht?«

Katharina sah mich mit zusammengekniffenen Lippen
an.

»Aber du weißt doch gar nicht«, antwortete sie, »ob er
überhaupt dein Trauzeuge werden will?«

»Ja«, sagte ich, »und deshalb rufe ich ihn jetzt auch an.«

Ich nahm das Telefon und ging auf den Balkon, Dennis'
Nummer war noch eingespeichert. Bereits nach dem ersten
Klingeln nahm er den Hörer ab.

»Hier ist Mark«, meldete ich mich und kam sofort zur Sache. »Katharina und ich werden bald heiraten, und ich möchte dich fragen, ob du unser Trauzeuge werden willst?«

»Ja«, sagte Dennis spontan – und von meinem Herzen polterte ein Hinkelstein.

Wir telefonierten fast zwei Stunden miteinander, dabei hatte er Kopfschmerzen – vor ein paar Stunden erst war er von einer Reise aus Japan zurückgekehrt. Immer wieder kam er auf die Nacht im Club zu sprechen und entschuldigte sich dafür, dass er in Berlin nicht besser auf mich achtgegeben hatte, plötzlich sei ich einfach verschwunden gewesen, und er hätte angenommen, dass ich bereits nach Hause gegangen sei. Mit Vanessa sei Dennis dann später nach Potsdam gefahren und dort furchtbar abgestürzt.

»Hattet ihr zwei wenigstens Spaß miteinander?«, fragte ich ihn.

»Was meinst du mit Spaß?«, fragte er zurück.

»Na, im Darkroom«, sagte ich.

»Im Darkroom?«, antwortete Dennis verblüfft. »Da sind wir doch nur reingegangen, um ungestört Drogen zu nehmen.«

»Du hattest gar keinen Sex mir ihr?«, fragte ich überrascht.

»Vanessa und ich?«, antwortete Dennis erschrocken. »Für wen hältst du mich denn?«

In der Folge telefonierten Dennis und ich regelmäßig miteinander, er nahm seine Aufgabe als Trauzeuge wirklich ernst. Enttäuscht war er jedoch über unsere Entscheidung,

Lily nicht zu unserer Feier einzuladen – aber Lily und ich hatten kaum noch Kontakt miteinander, zuletzt hatte ich mit ihr an dem Tag nach meinem Besuch bei Dennis' Eltern gesprochen … Es war ein schreckliches Telefonat gewesen! Lily hatte sich überhaupt nicht für die Geschichte mit den Kaviardosen interessiert, sondern redete die ganze Zeit nur von dem Anruf eines Personalvermittlers, der ihr eine Stelle in der Schweiz angeboten hatte.

»Stell dir vor«, äffte ich sie nach, »im schönen Zürich, der Stadt Lenins. Spiegelgasse Nummer 14.«

Am Schluss kam Lily dann wieder auf so komische Dinge wie Mantelquoten zu sprechen.

»Was ist denn eine Mantelquote?«, fragte mich Dennis.

»So ein Soziologenquark«, antwortete ich, »damit misst man den Wohlstand von Stadtvierteln. Eine Gegend ist umso reicher, je mehr Mäntel im Durchschnitt pro Einwohner vorhanden sind.«

Am Tag unserer Hochzeit konnte Dennis erst mittags anreisen und deshalb auch nicht an unserer standesamtlichen Trauung am Morgen dabei sein. Dennis hatte am Abend zuvor in Berlin ein wichtiges Treffen mit einem Museumskurator aus Kanada und sollte vom Bahnhof direkt zur Kirche kommen. Erik bestand darauf, ihn abzuholen, um mit Dennis auf der Autofahrt die Drecksbilder-Sache aus der Welt zu räumen. Katharina und ich hatten dafür genug Zeit eingeplant.

Zu unserer standesamtlichen Trauung kamen mehr Freunde und Verwandte, als wir angenommen hatten.

Die Sonne strahlte, wir versammelten uns an der großen Glocke vor dem Bochumer Rathaus. Ein wenig abseits von uns stand auch eine Schulfreundin von Katharina, die, wie sich herausstellte, gar nicht gekommen war, um Katharina zu gratulieren – sondern um selber zu heiraten! Im kleinsten Kreis, begleitet wurde sie nur von ihrem zukünftigen Mann und dessen Bruder. Als sich die beiden Hochzeitsgesellschaften kurzzeitig vermischten, war die Freude groß, doch nachdem die drei verschwunden waren, änderte sich der Tonfall.

»Seit Jahren nervt die mich mit ihrem Liebeskummer«, schimpfte eine andere Schulfreundin, »und jetzt werde ich noch nicht einmal zur Hochzeit eingeladen!«

Unser Trauzimmer platzte aus allen Nähten. Nach dem Jawort gingen wir hinaus in die Sonne und tranken Sekt aus Pappbechern. Im Handumdrehen waren alle Flaschen leer. Katharina und ich trennten uns von den anderen, fuhren nach Hause und zogen uns um.

Unsere Hochzeitsfotos entstanden nur ein paar Meter entfernt von unserer Wohnung. Da sich immer wieder Wolken vor die Sonne schoben, dauerten die Aufnahmen allerdings länger als geplant. Erst zehn Minuten vor dem Einzug kamen wir an der Kirche an, fast gleichzeitig hielt neben uns ein schwarzer Geländewagen. Daraus stieg Erik – allein!

»Wo ist Dennis?«, fragte ich aufgeregt.

»Keine Ahnung«, antwortete Erik. »Im ersten Zug war er nicht. Ich habe dann versucht, ihn anzurufen, aber niemanden erreicht. Ich habe dann auch noch den nächsten

Zug abgewartet, aber darin war Dennis auch nicht. Länger konnte ich nicht warten.«

Mir wurde übel und heiß, und ich bekam einen Schweißausbruch. Katharina, die mir gefolgt war, griff nach meiner Hand.

»Wir müssen mit dem Pfarrer reden«, sagte sie ruhig.

Meine Eltern eilten herbei.

»Mark«, fragte meine Mutter, »was ist los mit dir? Du bist ja ganz blass!«

Katharina bedeutete meinen Eltern mit einer Handbewegung, dass sie mich besser nicht ansprechen sollten. Dann dirigierte sie Erik und mich in die Kirche auf der Suche nach dem Pfarrer. Wir fanden ihn in der Sakristei.

»Ohne zweiten Trauzeugen kann ich euch leider nicht trauen«, erklärte er uns. »Könnt ihr nicht einen anderen Trauzeugen bestimmen? Einen der Anwesenden? Ich brauche nur einen Ausweis.«

Katharina sah mich an… Ich fühlte mich hundeelend und war nicht in der Lage, eine solche Entscheidung zu treffen.

»Möchtest du vielleicht unser Trauzeuge sein?«, fragte Katharina Erik.

»Klaro«, antwortete dieser, grinste und zog sein Portemonnaie aus der Hosentasche. »Hier ist mein Perso!«

Ich erlebte die anschließende Trauung wie ferngesteuert. Die meiste Zeit starrte ich auf ein Gemälde über dem Seitenaltar, auf dem ein Eichhörnchen abgebildet war, dessen Fratze ich kannte.

Auf unserer anschließenden Feier ging es mir zum Glück wieder besser, doch bei unserem Hochzeitstanz brach ich plötzlich in Tränen aus. Die meisten Gäste fanden das rührend.

Nachdem Katharina und ich am frühen Morgen nach Hause kamen, nahm ich das Telefon und ging auf den Balkon. Auf dem Boden lag eine große weiße Feder, ich bückte mich und hob sie auf. Katharina stand in der Tür und sah mich an. In der einen Hand hielt ich das Telefon, in der anderen Hand die Feder. Ich löschte Dennis' Telefonnummer aus dem Adressbuch, warf die Feder über die Brüstung, ging zu Katharina und nahm sie in den Arm.

18 Huck

Als Laura zur Welt kam, war sie so gelb wie ein Simpson. Die Ärzte beruhigten uns, Gelbsucht sei unter Neugeborenen weit verbreitet und in fast allen Fällen harmlos. Tatsächlich verschwand die Farbe nach ein paar Tagen wieder – wir hätten Laura aber kein Stück weniger geliebt, wenn sie stattdessen blau-weiße Streifen bekommen hätte.

Seit Laura auf der Welt war, konnte ich mir ein Leben ohne sie nicht mehr vorstellen. Ich liebte es, sie im Arm zu halten, und als mir Katharina erzählte, dass Laura einmal weinen musste, weil sie weinte, fing auch ich an zu weinen. Ich war glücklich, wenn Laura nicht ohne mich auf die Rutsche wollte, und ich war glücklich, wenn sie ohne mich hinunterrutschte. Katharina und ich sind keine Übereltern, deren Leben durch unser Kind erst einen Sinn bekommen hat – trotzdem präsentierte ich jedem Besucher die von mir gebaute Wickelkommode mit Stolz.

Wenn Laura in meinem Alter sein wird, wird Dennis ein noch berühmterer Künstler sein – davon bin ich überzeugt. Seine Werke werden unbezahlbar sein, und im Lexikon wird er vor Ernst Ludwig Kirchner stehen… Dass Dennis und ich einmal die besten Freunde waren, wird mir Laura wahrscheinlich nicht glauben.

»Du übertreibst, Papa«, wird sie sagen, und ich werde wieder einmal den »Fuß ohne Meinung« erwähnen, um den Laura als Kind immer so gern ihre Arme schlang und sich von Kopf bis Fuß dreckig machte.

Dass meine Freundschaft mit Dennis ein Ende gefunden hat, damit habe ich mich abgefunden. Es gibt wahrscheinlich zu viel, was uns verbindet – und noch mehr, was uns trennt.

Unsere Freundschaft ist nun Geschichte, womöglich sind wir zwei wie Tom Sawyer und Huckleberry Finn. Während Dennis den Mississippi erkundet und am Straßenrand in Berlin, Paris oder Tokio Currywürste isst, bleibe ich daheim bei Tante Polly. Dabei hätte ich wetten können, dass ich Huckleberry Finn bin.